Jeder stirbt für sich allein

Bearbeitet von **Andreas de Jong**
Illustriert von **Fabio Visintin**

Member of CISQ Federation

CERTIFIED MANAGEMENT SYSTEM
ISO 9001

The design, production and distribution of educational materials
for the CIDEB (Black Cat) brand are managed in compliance
with the rules of Quality Management System which fulfils
the requirements of the standard ISO 9001

Verantwortlicher Redakteur: Chiara Versino
Redaktion: Alessandra Liberati (Studio Zebra)
Gestaltungskonzept: Erika Barabino, Daniele Pagliari
Layout: Annalisa Possenti
Bildbeschaffung: Alice Graziotin

Künstlerische Leitung: Nadia Maestri

© 2019 Cideb
Erstausgabe: Januar 2019

Fotonachweis:
Hans Fallada, 1943 / © SZ Photo / Scherl / Bridgeman Images: 4;
KATHRIN DECKART / dpa / picture alliance / Alamy Stock Photo: 5;
Photo12 / UIG / Getty Images: 28; De Agostini Picture Library: 31;
Pictures Inc. / Pictures Inc. / The LIFE Picture Collection / Getty
Images: 43; Johannes Simon / Getty Images: 44; OTFW / Wikipedia:
66; akg / MONDADORI PORTFOLIO: 80; Hans Frank with children
evacuated from German cities, 1943 / © SZ Photo / Scherl /
Bridgeman Images:81; MONDADORI PORTFOLIO / ALBUM:121,122.

Wir freuen uns über Ihre Kommentare und Vorschläge und
stellen Ihnen gerne weitere Informationen über unser
Lehrmaterial zur Verfügung.

info@blackcat-cideb.com
blackcat-cideb.com

ISBN 978-88-530-1845-8

Gedruckt in Novara, Italien, bei Italgrafica.

Inhalt

ZERTIFIKAT B1   Übungen mit dieser Kennzeichnung trainieren die Fertigkeiten, die für die Zertifikatsprüfung erforderlich sind.

Track Nr. 🔊   DER GESAMTE TEXT IST ALS HÖRTEXT VERFÜGBAR.

Hans Fallada

Zwischen Himmel und Hölle

Hans Fallada hat einmal geschrieben, dass er nichts so hasst wie Sentimentalität. Aber er schließt den Satz mit diesen Worten: „... was nicht hindert, dass ich selbst vielleicht auch sentimental bin." Diese kurze Bemerkung sagt schon einiges über den Menschen und Schriftsteller Rudolf Ditzen, wie Hans Fallada eigentlich hieß.

Rudolf Ditzen wird 1893 in Greifswald, in Nordostdeutschland, geboren. Er wächst in Berlin auf, seine Zeit als Kind und Schüler ist nicht einfach. Die Familie zieht 1909 nach Leipzig, wo Rudolf noch im selben Jahr einen schweren Fahrradunfall hat. Bei der Pflege kommt er das erste Mal mit Morphium in Kontakt, einem Mittel gegen Schmerzen, das aber auch als Droge eingenommen wird und süchtig macht. Damit beginnt für Ditzen die Abhängigkeit von Drogen und später von Alkohol und Nikotin.

Rudolf erkrankt sehr leicht und 1910 muss er gegen Typhus behandelt werden. In seinem Leben hat Ditzen in 30 Heilstätten, Sanatorien, Kliniken, Krankenhäusern gelegen. Schwach und „vielleicht" auch sentimental, wie seine Persönlichkeit damals ist, versucht Rudolf sich zweimal das Leben zu nehmen.

Seine „krankhafte Störung der Geistesfähigkeit" führt dazu, dass Rudolf nicht in den Ersten Weltkrieg ziehen muss, obwohl er sich freiwillig gemeldet hat. Er pflegt in dieser Zeit seine ersten literarischen Kontakte.

Mit seiner Liebe zur Literatur kann Rudolf Ditzen aber noch kein Geld verdienen. Er arbeitet als Eleve (eine Art Praktikant) auf einem Bauernhof, 1916 beginnt seine Karriere als Buchhalter und Aufseher in der Landwirtschaft. Nach 1918 beginnen schwierige Jahre, weil die Eltern durch falsche Investitionen und wegen der Inflation ihr Vermögen verloren haben. Trotzdem finanziert Rudolfs Vater dem unentschlossenen Sohn ein Probejahr als Literat.

Der Autor Hans Fallada wird sozusagen 1919 geboren. Rudolf lässt sich bei seinem Pseudonym durch zwei Grimm-Märchen inspirieren: *Hans im Glück* und *Die Gänsemagd*. In letzterem Märchen spielt der sprechende Kopf des treuen Pferdes Falada (nur ein „l", Akzent auf dem ersten „a") eine rettende Rolle. Doch Glück hat Rudolf Ditzen nicht: Zwischen 1919 und 1924 zieht er zwanzigmal um, wechselt zehnmal seine Arbeit und immer wieder erlebt er den Konflikt zwischen Landwirt und Schriftsteller.

1924 kommt Fallada das erste Mal ins Gefängnis: Er hat Geld unterschlagen, also als Buchhalter Geld seiner Firma für sich selbst ausgegeben. Ein zweiter Aufenthalt im Gefängnis dauert zwei

Jahre und erst 1928 könnte ein neues Leben beginnen ... Er lernt seine spätere Frau Anna Issel, genannt Suse, kennen und zieht nach Neumünster, ganz im Norden Deutschlands. Hier arbeitet er unter anderem als Journalist. Er wird Mitglied der Sozialdemokratischen Partei Deutschlands.

Fallada heiratet seine Suse 1929. 1930 zieht das Ehepaar nach Berlin. 1932 erscheint *Kleiner Mann – was nun?*, ein Weltbestseller. 1933 wird der erfolgreiche Autor aber von der SA, einer Nazi-Organisation, verhaftet und Fallada erleidet einen Nervenzusammenbruch. Er zerreißt seinen SPD-Parteiausweis.

Während der gesamten zwölf Jahre des Dritten Reichs ist die Haltung von Hans Fallada sehr unklar. In einigen Schriften erkennt man einen überzeugten Gegner des Nazi-Regimes. In vielen Handlungen und Entscheidungen sieht man aber, wie leicht Fallada sich von der Partei, sogar direkt vom Propagandaminister Joseph Goebbels manipulieren lässt. Seine Depressionen und Abhängigkeiten haben Fallada sicherlich nicht geholfen, eine klare und eindeutige Stellung gegen die Diktatur einzunehmen und zu verteidigen. Das erklärt, warum Fallada nicht emigriert ist, obwohl er zeitweise offiziell als „unerwünschter Autor" eingestuft wurde.

In diesen Jahren lebt Fallada mit seiner Familie in Carwitz, zwischen Berlin und der Ostsee. Er schreibt Kinderbücher und Unterhaltungsromane. Der Künstler Fallada ruht: Man muss Geld verdienen, seine Familie unterstützen, in Nazi-Deutschland überleben. Aber 1944 lassen sich Hans und Suse scheiden und ein Jahr später zieht er zu seiner neuen Liebe Ursula Losch nach Feldberg.

Die letzten drei Jahre sind gleichzeitig Himmel und Hölle für Hans Fallada. 1945 heiratet Fallada Ursula, die wie ihr Mann morphiumsüchtig ist. Sie wohnen nun in Berlin, wo Fallada oft Patient in Krankenhäusern ist. Doch kurz vor seinem Tod wird er Autor des gerade gegründeten Aufbau-Verlags in Berlin, der später in der DDR besondere Bedeutung haben wird und nach der Wiedervereinigung gerade für „seinen" Hans Fallada große Arbeit leisten wird.

Jeder stirbt für sich allein ist Hans Falladas letzter Roman. Er entsteht 1946 und erscheint in einer vom Verlag leicht revidierten Form nach dem Tod des Autors. Fallada stirbt 1947 in einem Krankenhaus in Berlin. An seine geschiedene Frau schreibt er am 27. Oktober 1946: „... während ich viele Kinder, namentlich aus der letzten Nazizeit nur mit ungünstigen Augen ansehe [...], habe ich nun bei diesem Roman, den ich durchaus nicht schreiben wollte, das Gefühl, er ist mir gelungen. Endlich wieder mal was Richtiges geschafft! Ich bin froh."

Textverständnis

1 Was ist richtig (R) und was ist falsch (F)?

		R	F
1	Rudolf Ditzen hatte eine glückliche Kindheit.	☐	☐
2	Ditzen muss im Ersten Weltkrieg an der Front kämpfen.	☐	☐
3	Der „neue Schriftsteller" Hans Fallada wird sofort berühmt.	☐	☐
4	Der Name „Hans Fallada" bezieht sich auf zwei Märchen.	☐	☐
5	Fallada hat einige Jahre im Gefängnis gesessen.	☐	☐
6	Fallada ist in der Nazizeit emigriert.	☐	☐
7	Fallada war zweimal verheiratet.	☐	☐
8	Fallada stirbt bei einem Unfall.	☐	☐

Darsteller

Kommissar Escherich

Emil Barkhausen

Eva Kluge

Trudel

Enno Kluge

Anna Quangel

Otto Quangel

Jablonskistraße 55

ie Briefträgerin Eva Kluge hat einen traurigen Brief
für das Ehepaar Quangel in der Jablonskistraße 55.

track 02

Otto Quangel, Mitte Fünfzig, ist ein ruhiger Mann,
er arbeitet in einer Möbelfabrik. Keine schlechte
Stelle. Seine Frau Anna arbeitet im Haus, kümmert sich um
ihren Mann, näht, denkt oft an ihren einzigen Sohn, Ottochen,
jetzt im Krieg. Und dann der Brief: Sohn Ottochen ist gefallen.
Der Krieg in Frankreich hat ihn getötet. Und das ist erst der
Anfang.

Berlin, 1940. In der Jablonskistraße 55 feiert Familie Persicke
den Sieg Hitlers und Nazi-Deutschlands über Frankreich. „Das
Tausendjährige Reich wird über alle und alles siegen." Wer dagegen
kämpft, wird vernichtet. Die Organisation der Partei und ihrer vielen
Institutionen ist streng: Man arbeitet für Hitlers Reich, es gibt nur
eine Partei und ein deutsches Volk. So sieht es die Nazi-Ideologie.

Sie glaubt an eine deutsche Rasse: Juden und andere „unreine" Gruppen müssen verschwinden.

Doch Otto und Anna Quangel gehören nicht zur Partei. Sie denken aber auch: Ohne Hitler hätte Otto keine so gute Arbeit in der Möbelfabrik gefunden. Also ist Otto Senior in der Deutschen Arbeitsfront. Das ist eine Organisation für Arbeiter und Unternehmer, wichtig für die Wirtschaft und entscheidend für die Produktion von Kriegsmaterial.

Anna ist wütend: „Du und dein Führer!" Sie kann über den Tod ihres Sohns noch nicht weinen, aber sie verletzt Otto. Der ist beleidigt und irritiert. „Sein Führer" ist Hitler nicht. Otto ist gerecht und gut, wenn auch still und nicht immer freundlich. Jetzt sieht er das Unrecht, das Leiden, das Böse, aber er weiß noch nicht, was er dagegen tun kann. Er hat noch Angst.

In der Jablonskistraße 55 trinken die Persickes viel. Vor allem der Vater. Treue Nazis, diese Leute. Der jüngste Sohn, Baldur, möchte in der Partei eine große Rolle spielen. Seine zwei Brüder sind brutale SS-Männer. Von der Mutter wissen wir nur, dass sie für ihre Männer sorgt. Eine Tochter gibt es auch.

Eines Tages entdecken die drei jungen Persickes einen Einbruch bei Frau Rosenthal. Sie ist Jüdin, lebt allein in ihrer Wohnung in der Jablonskistraße 55. Wer ist bei ihr eingebrochen? Zwei arme Teufel, beide mit einem Alkoholproblem. Emil Barkhausen wohnt im selben Haus, mit einer Frau und fünf Kindern. Er ist vielleicht von keinem der Vater. Der andere Einbrecher ist Enno Kluge. Er wohnt in Berlin, aber er zieht von Wohnung zu Wohnung. Wir kennen schon seine Frau Eva, die Briefträgerin. Doch die will mit ihrem Mann nichts mehr zu tun haben. Ihre zwei Söhne sind im Krieg.

Emil und Enno haben Pech. Die Persickes schlagen sie — und dann erscheint in der Wohnung von Frau Rosenthal ein anderer

Bewohner des Hauses in der Jablonskistraße 55, Doktor Fromm. Nicht mehr jung, früher wohl aktiver Nazi, ein gefährlicher Richter, heute ruhig, freundlich, verständnisvoll. Otto Quangel kommt auch noch, sodass Emil und Enno und das Persicke-Trio die Wohnung verlassen müssen: Eigentlich wollte jeder von den fünf Herren bei der Jüdin Frau Rosenthal etwas oder vieles stehlen. Doch der Plan ist schiefgegangen. Niemand ruft die Polizei, aber besonders Emil und Enno werden den Tag nicht mehr vergessen …

„Kommen Sie zu uns, Frau Rosenthal", sagt Anna Quangel. Die arme Frau Rosenthal braucht Schutz. Ihr Mann ist von den Nazis schon abgeholt worden. Nach der Geschichte mit Emil und Enno ist Frau Rosenthal in ihrer Wohnung nicht mehr sicher. Manchmal schläft bei Quangels auch Trudel. Trudel war die Verlobte von Ottochen, sie versteht sich gut mit Anna. Aber Otto Quangel ist diese Situation nicht recht. Er hat sowieso Probleme.

Bei einer Sitzung in der Möbelfabrik haben Parteileute Otto mit Worten angegriffen, und sie haben gesagt, dass Otto geizig ist und zu wenig für sein Volk tut. Da ist Otto leise wütend geworden und hat von seinem gefallenen Sohn erzählt. Den Nazis hat das nicht gefallen: Otto muss seine Aufgaben in der Deutschen Arbeitsfront an einen faulen Mitarbeiter abgeben. Otto versteht, dass er jetzt auf der Arbeit kontrolliert wird. Ein falsches Wort, ein falscher Handgriff, und er bekommt sehr großen Ärger.

„Otto, heute schlaf bitte auf dem Sofa", sagt Anna zu ihrem Mann. „Ist gut", murrt er, aber auf dem Sofa kann er nicht einschlafen und hört drei Personen im Schlafzimmer atmen! „Mit der Rosenthal will ich nichts zu tun haben", erklärt Otto sehr deutlich. „Und Trudel soll auch weg!", bestimmt er. So geschieht es am nächsten Morgen und Otto meint jetzt zu wissen: „Ich mache das Verbotene allein."

Otto Quangel will etwas gegen den Krieg, gegen die Partei, gegen Hitler tun. Trotzdem lässt er Frau Rosenthal allein, allein gegen das Böse. Plötzlich kommt für die ältere Dame Hilfe. Doktor Fromm, der alte Richter mit der dunklen Vergangenheit, versteckt sie in seiner Wohnung. „Frau Rosenthal, Sie dürfen dieses Zimmer nicht verlassen", mahnt Doktor Fromm. „Sie bekommen hier zu essen und zu trinken. Im Zimmer dürfen Sie tun, was Sie wollen. Aber wenn Sie gerettet werden wollen, ist das Ihr Gefängnis." Eigentlich ist Doktor Fromm gut. Seit seine Tochter gestorben ist, ist er ein anderer Mensch. Leider hält Frau Rosenthal diese „Schutzhaft" nicht lange aus — und nach wenigen Tagen ist sie wieder in ihrer Wohnung.

Enno Kluge ist verzweifelt. Ihm geht es sehr schlecht, doch bei seiner Frau Eva stößt er auf kein Mitleid. So lebt er einige Zeit bei einer Frau Gesch, die Eva gut kennt, und er hat auch wieder mit der Arbeit begonnen. Leider ist Enno faul und wettet gern. Er verliert viel Geld, dann verdient er wieder etwas, dann bleibt er lange zu Hause … Sein Leben scheint sinnlos und die Braunen, also die Parteileute, die SS, die Gestapo, das schlechte Deutschland wissen das.

Trudel arbeitet fleißig, und doch ist sie gegen die Nazis sehr aktiv. Sie gehört einer kommunistischen Gruppe an, die gegen Hitler kämpft, natürlich geheim, im Untergrund. In der Gruppe sind auch Karl, ein gewisser Grigoleit und noch ein seltsamer Typ. Schade nur, dass Trudel auch Probleme bekommt.

„Ich habe Otto Quangel erzählt, dass ich einer Widerstandsgruppe angehöre", gesteht sie. Das gefällt den anderen überhaupt nicht: „Du wirst uns noch verraten!" Trudel beschließt, dass sie mit der Gruppe nicht mehr arbeiten will. Aber da ist Karl: Der ist in Trudel verliebt und sie vielleicht in ihn. Karl denkt: „Ein ganzes Leben liegt vor uns."

KAPITEL 1

Anna und Otto Quangel sprechen sehr wenig miteinander. „Was versteckt Otto vor mir? Erst den Sohn verloren, jetzt auch noch den Mann?", rätselt Anna. „Ich bin nicht böse auf dich", tröstet sie Otto. — „Aber du willst etwas tun. Tu es nicht!" — „Was ich tun werde? Schlafen werde ich! Und morgen sage ich dir, was *wir* tun werden!"

Friedrich ist ein großer Kerl, nur wenig im Hirn. Doch er kann sehr überzeugend sein und Baldur Persicke weiß das. Die zwei begleiten den Gestapo-Kommissar Rusch und die drei klopfen bei Frau Rosenthal an. Frau Rosenthal hat zuletzt bei ihrem Retter und Wächter Doktor Fromm zu viele Schlaftabletten eingenommen. In ihrer Wohnung ist sie ganz verwirrt. Sie öffnet die Tür: Drei böse Männer stehen vor ihr.

„Wo ist denn Ihr Geld?", fragt Kommissar Rusch. Die Familie Rosenthal war einmal reich, die Kinder sind im Ausland, brauchen kein Geld, also ... Frau Rosenthal versteht die Frage nicht. „Was wollen Sie denn?" — „Friedrich, bring sie in die Küche. Sie soll wach werden!" Dann auf einmal ein Schrei in der Jablonskistraße 55. Frau Rosenthal ist so wach, dass sie aus dem Küchenfenster fällt. Auf den Hof. Tot.

Nach dem Lesen

Textverständnis

1 Was ist richtig?

1 Wie ist Ottochen Quangel gestorben?
- a ☐ Die Nazis haben ihn getötet.
- b ☐ Er ist im Krieg gefallen.
- c ☐ Er hatte in Frankreich einen Unfall.

2 Warum ist Vater Otto verletzt?
- a ☐ Anna sagt, dass Hitler sein Führer ist.
- b ☐ Otto hat Enno Kluge geschlagen.
- c ☐ Baldur Persicke hat Otto geschlagen.

3 Wer ist Doktor Fromm?
- a ☐ Ein alter Nazi, der noch immer sehr gefährlich ist.
- b ☐ Ein alter Richter, der die Nazis bewundert.
- c ☐ Ein alter Mann, der früher ein aktiver Nazi war.

4 Was möchte Trudel tun?
- a ☐ Sie will aus der Widerstandsgruppe austreten.
- b ☐ Sie will nichts mehr mit Karl zu tun haben.
- c ☐ Sie möchte Otto und Anna Quangel helfen.

2 Wer denkt oder sagt das?

	Otto	Anna	Trudel
1 Wer weiß, ob er mich noch liebt.	☐	☐	☐
2 Vielleicht ist er in mich verliebt.	☐	☐	☐
3 Wieso soll er mein Führer sein?	☐	☐	☐
4 Die Rosenthal ist mir zu gefährlich.	☐	☐	☐
5 Wer schläft denn da in meinem Zimmer?	☐	☐	☐
6 Warum spricht er nicht mit mir?	☐	☐	☐
7 Wir wollten doch nach dem Krieg heiraten!	☐	☐	☐
8 Sagt mir nichts, ich habe für Hitler meinen Sohn verloren!	☐	☐	☐

3 Verbinde.

1 ☐	Wer dagegen kämpft,
2 ☐	Die drei jungen Persickes entdecken
3 ☐	Jeder von den fünf Herren
4 ☐	Sie können gern
5 ☐	Ich mache
6 ☐	Anna glaubt,
7 ☐	Enno ist faul und
8 ☐	Nicht nur Otto, sondern auch
9 ☐	In ihrer Wohnung ist Frau Rosenthal
10 ☐	Friedrich soll

a   bei uns schlafen.

b   ganz verwirrt.

c   wettet gern.

d   Frau Rosenthal wecken.

e   möchte etwas stehlen.

f   wird vernichtet.

g   Trudel bekommt Probleme.

h   das Verbotene allein.

i   dass Otto ein Geheimnis hat.

j   einen Einbruch.

Wortschatz

4 Welches Wort passt nicht?

1   Einbrecher — Dieb — Richter — Mörder — Betrüger

2   still — ruhig — verständnisvoll — angenehm — grob

3   Anleitung — Möbel — Wohnung — Einrichtung — Haus

4   Fabrik — Wirtschaft — Werk — Betrieb — Unternehmen

5   Problem — Schwierigkeit — Sorge — Freude — Angst

6   riskant — gefährlich — gemütlich — kritisch — unheimlich

5 Verbinde mit dem Gegenteil.

1	verschlossen	a	lieb
2	Anfang	b	Glück
3	faul	c	erlaubt
4	seltsam	d	Ende
5	Pech	e	offen
6	ruhig	f	Gute
7	verboten	g	fleißig
8	Böse	h	aufgeregt
9	brutal	i	Mut
10	Angst	j	gewöhnlich

Hörverständnis

track 03

6 **ZERTIFIKAT B1** Du hörst ein Gespräch. Du hörst das Gespräch einmal. Dazu löst du sieben Aufgaben. Wähle: Sind die Aussagen richtig (R) oder falsch (F)?

Du sitzt im Bus und hörst, wie sich zwei Studenten über eine Radtour durch die Feldberger Seenlandschaft unterhalten.

R F

1 Max wollte eigentlich am Sonntag im Freien für seine Prüfung lernen.

2 Mit Fred ist Max von Berlin nach Feldberg Rad gefahren.

3 Iris kennt die Seen nördlich von Berlin gar nicht.

4 Die Radtour war ziemlich langweilig, weil das Gebiet sehr flach ist.

5 Das Wetter war für das Radfahren perfekt.

6 In Carwitz ist das Hans-Fallada-Museum sonntags geschlossen.

7 Iris möchte bei der nächsten Radtour dabei sein.

Grammatik

Das Futur

*Du **wirst** uns noch **verraten**!*

Das Futur drückt eine Handlung in der Zukunft aus. Manchmal benutzt man das Futur, wenn man nicht sicher ist, ob die Handlung tatsächlich stattfinden wird. Im Deutschen wird oft statt des Futurs einfach das Präsens benutzt.

Das Futur bildet man mit dem konjugierten Hilfsverb **werden** und dem **Infinitiv des Vollverbs**. In den Haupt- und Fragesätzen steht der Infinitiv am Ende, in den Nebensätzen in vorletzter Position.

*Anna **wird** morgen mit Otto Quangel **sprechen**.*
*Was **werdet** ihr gegen die Nazis **unternehmen**?*
*Morgen sage ich dir, was wir **tun werden**.*

7 Forme die Sätze ins Futur um.

1 Hoffentlich siegt das Tausendjährige Reich nicht.

2 Otto hat bald keine Angst mehr.

3 Baldur spielt in den nächsten Jahren eine wichtige Rolle in der Partei.

4 Brechen sie heute Abend bei Frau Rosenthal ein?

5 Emil und Enno verlassen schnell die Wohnung.

6 Frau Rosenthal stürzt nach wenigen Minuten aus dem Fenster.

7 Was geschieht im nächsten Kapitel?

8 Das lest ihr sofort.

8 Bilde Sätze im Futur. Beginne mit dem unterstrichenen Wort.

1 sein — beleidigt — <u>Otto</u> — jetzt — sicher — .

2 Tag — Einbrecher — leicht — den — vergessen — die — <u>so</u> — nicht — .

3 Fromm — <u>Schutz</u> — arme — Doktor — Jüdin — bei — finden — die — .

4 viel — <u>Enno</u> — nur — Geld — verlieren — nicht — .

5 böse — anklopfen — Frau — <u>drei</u> — bei — Rosenthal — Männer — .

6 die — wach — Dame — <u>werden</u> — bald — ?

Die Karten

Otto Quangel erklärt Anna sehr direkt: „Komm aus der Frauenschaft heraus. Ich bin auch meinen Posten bei der Arbeitsfront los." Jetzt ist es klar! Widerstand gegen Hitler-Deutschland bedeutet erst einmal: Raus aus den Nazi-Organisationen. Die Frauenschaft kümmert sich um Hausfrauen und Frauen auf dem Land, damit diese an die Ideen der Partei, der Nationalsozialistischen Deutschen Arbeiterpartei, glauben. Die Frauen der sogenannten NS-Frauenschaft sind so etwas wie Trainerinnen. Das soll Anna also nicht mehr sein. Wieder ein Schritt weiter gegen Hitler.

Anna geht zu Frau Gerich. Die ist schön und schick, vielleicht auch reich, aber sie arbeitet nicht. Was tut sie also für die Partei, das Volk, das „Tausendjährige Reich"? Zu Annas Aufgaben gehört es, „faule" deutsche Frauen zu besuchen und sie zu fragen, warum sie nicht für „ihr Deutschland" arbeiten.

Anna weiß genau, wer Frau Gerich ist. Diese Dame ist sehr freundlich, doch Anna ist hart, eine echte Nazi — wie sie es auch einmal war! Irgendwann verliert die feine Claire Gerich die Nerven: „Sie werden ja sehen, wer ich bin!" Anna hat sie gefragt, warum sie nicht arbeitet, und sogar, warum sie keine Kinder hat, fürs deutsche Vaterland. Dann geht Anna, und die liebe Claire ruft ihren Mann an. Der weniger liebe SS-Obersturmbannführer hört sich geduldig die süße, wilde Ehefrau an, und dann ist Anna nicht mehr in der NS-Frauenschaft. Anna hat übertreiben wollen.

Jetzt sind Anna und Otto Quangel etwas freier. Jedenfalls frei von der Partei und ihren Organisationen. „Vielleicht kann ich noch schnitzen wie früher", sagt Otto zu seiner Frau und hält ein Stück Holz in der Hand. „Nicht mehr Pfeifenköpfe, sondern das Gesicht von unserem Ottochen." — „Er denkt endlich an unseren Sohn", bemerkt Anna traurig und doch froh. — „Ich bringe dir ein Bild von ihm." — „Nein, Anna. Ich möchte ihn so schnitzen, wie ich ihn in Erinnerung habe … Wenn ich es kann." Anna weint fast, aber jetzt weiß sie, dass Otto bald sprechen wird.

Anna ist enttäuscht, als Otto sagt: „Wir wollen Karten schreiben. Postkarten gegen Hitler. Ich will sie in Häuser legen, wo viele Menschen sind. Ein Haus habe ich schon gefunden. Kurze Texte, klar und deutlich — gegen Hitler, den Krieg, die Mörder, den Wahnsinn." „Ist das alles?", denkt Anna. Sie hat sich ein Attentat vorgestellt, etwas Großes, Wichtiges, wirklich Gefährliches. Otto sagt dazu: „Glaub mir. Wenn man uns entdeckt, sind wir tot." Anna erschrickt, hat ein Bild vor Augen. Das Fallbeil in einem Gefängnis. Sogar ein Wort zu viel kann den Kopf kosten.

„Du hast recht, Otto. Hauptsache, man widersteht." Otto ist erleichtert. „Sie sind schlau, wir sind schlau. Wir dürfen nicht zu früh sterben. Wir wollen leben und noch sehen, wie die fallen.

Und wir dürfen dann sagen: Wir haben unseren kleinen Teil dazu getan." Ja, Anna versteht jetzt: In dieser Zeit kann auch Kleines etwas Großes sein.

Otto schreibt, Anna sieht zu: „Mutter! Der Führer hat mir meinen Sohn ermordet ..." Jeden Sonntag eine Karte, das ist Ottos und Annas Plan. Aber erst einmal diese hier: „Mutter, der Führer wird auch deine Söhne ermorden!" Otto schreibt, beide sehen ein Ende des Krieges. Sie wollen dabei sein. Otto fantasiert weiter: „Alle werden uns suchen: Gestapo, SS, SA, die ganze Partei. Spitzel[1], Gerede, Verdacht, Untersuchungen. Sie werden uns nicht finden. Wir schreiben weiter, immer weiter." — Anna: „Vielleicht liest der Führer bald unsere Karten. Und er wird schreien, laut schreien. Er muss trotzdem unsere Anklagen lesen." — Visionen, aber das alte Ehepaar Quangel ist wie neu geboren. Eine Hoffnung, ein Ziel, ein Traum.

Am nächsten Morgen sind sie auf der Straße. Otto mit der ersten Karte, Anna begleitet ihn, bleibt dann etwas zurück. Ein Bürohaus ist das erste Haus. Hier will Otto mit dem Widerstand der Quangels anfangen. Es dauert wirklich lange, bis Otto die Karte ablegen kann, und Anna sieht von Weitem zu, hat große Angst. Niemand darf ihn sehen, sonst ist es das Ende. So klein sind diese Aktionen also doch nicht. Dann endlich kommt Otto aus dem Haus. „Erledigt!", sagt er. „Jetzt muss ich zur Fabrik." Anna sagt ihrem Mann etwas Unerwartetes: „Verzeihung, Otto!" Otto wundert sich, schaut sie an. Wie so oft schweigt er. Er geht zur Arbeit, sie nach Hause.

Schauspieler haben in der NS-Zeit ein Problem. Sie spielen, was der Partei gefällt, oder sie spielen, was ihnen gefällt. Nicht immer

---

1.   r **Spitzel** (-): jemand, der für die Polizei andere Leute heimlich beobachtet.

gefällt der Partei das, was einem Künstler gefällt. Oder besser: fast nie. Max Harteisen gefällt den Herren manchmal, nicht immer, vielleicht fast nie. Dann hat der gute Max ein zweites Problem. Er findet im Bürohaus eine Karte, auf der geschrieben steht: „Mutter! Der Führer hat mir meinen Sohn ermordet ...“

Kurz vorher hat Max mit seinem guten Freund Toll gesprochen, jetzt bringt er ihm die Karte. In Panik. Toll kennt einen Politiker und der kennt einen Braunen und der kennt natürlich die Gestapo. Max ist froh, dass er mit der Karte nichts mehr zu tun hat. „Max ... es wird schlimm in dieser Stadt!“, so sagt er selbst und weiß, dass er schnell aus Berlin verschwinden muss. Das tun jetzt, später und viele Jahre lang noch viele andere Menschen ...

Kommissar Escherich sieht die Karte. „Die Karte ist sehr simpel geschrieben. Das sind keine Kommunisten. Keine Ideologie. Keine andere Partei. Das sind einfache Leute.“ Der Gestapo-Mann hat Erfolg und die nötige Intelligenz und Sensibilität. Er weiß: „Dieser Mann, nennen wir ihn ‚Klabautermann‘[2], wird weiterschreiben. Und die meisten Karten kommen zu uns, denn das deutsche Volk ist ziemlich zuverlässig.“ Er weiß auch: „Ich finde den Menschen, der das schreibt. Und er wird hingerichtet. Heil Hitler!“

Doch das Ehepaar Quangel denkt nicht an das Heil Hitlers. Es verteilt weiter Karten. Ja, Anna ist auch dabei. Sie selbst legt Karten ab. Otto und Anna meinen, dass viele Deutsche diese Karten lesen, verstehen, behalten werden. Viele Deutsche werden darüber nachdenken. Ist es wirklich so? Eigentlich wissen es die Quangels nicht, aber sie schreiben weiter. Jeden Sonntag. Beide überlegen, was zu schreiben ist. Otto schreibt, beide legen die Karten ab. Keine Angst mehr, fast keine Angst.

---

2. **r Klabautermann (-männer):** ein Gespenst auf den Schiffen.

An einem Sonntag werden aber Anna und Otto gestört. Wer steht vor der Tür? Dreißig Jahre nicht mehr gesehen: Annas Bruder Ulrich Heffke und seine etwas graue Frau. Otto steckt seine Karte in ein Buch von Ottochen. Auf die Karte hat Otto geschrieben: „Führer ... Wir haben das Denken aufgegeben ..." Anna und ihr Bruder haben sich viel zu erzählen. Ulrich lebt seit einiger Zeit wieder in Berlin. So ist es sogar Otto, der verspricht, dass das Ehepaar Quangel das Ehepaar Heffke besuchen wird. Dann kann man auch wieder eine Karte ablegen. Natürlich wissen die Heffkes nichts davon.

Auch die Eltern von Anna und Ulrich wissen nichts von den Karten. Ja, sie leben noch. Anna möchte ihren Eltern Geld schicken, aber Otto will das nicht. „Wir können das Geld irgendwann brauchen. Sie haben nie darum gebeten." Und was Otto sagt, ist für Anna heilig.

Nach dem Lesen

Textverständnis

1 Setze die fehlenden Wörter ein.

> **Trick   Schritt   Zeichen   gerät   schnitzen   Karte**
> **auslegen   austreten**

Der Austritt aus den Nazi-Organisationen ist der erste
(**1**) .... gegen Hitler-Deutschland. Otto arbeitet nicht
mehr für die Deutsche Arbeitsfront, Anna soll aus der Frauenschaft
(**2**) .... Das schafft sie mit einem (**3**) ....
und die beiden Eheleute fühlen sich etwas freier. Otto möchte das
Gesicht seines Sohnes in einen Holzkopf (**4**) .... Für Anna
ist es ein (**5**) ...., dass Otto bald sprechen wird. Aber wie
enttäuscht ist sie, als Otto sagt, sie sollen Karten gegen das Nazi-
Regime schreiben. Wenig später wird Otto die erste (**6**) ....
in einem Bürohaus (**7**) .... Die Karte (**8**) ....
aber sehr schnell in die Hände von Kommissar Escherich.

2 Was ist richtig (R) und was ist falsch (F)?

		R	F
1	Claire Gerich ist auf Anna Quangel sehr wütend.	☐	☐
2	Otto möchte am liebsten Briefe schreiben.	☐	☐
3	Anna versteht, dass nur große Aktionen Erfolg haben werden.	☐	☐
4	Otto ist sicher, dass niemand sie entdecken wird.	☐	☐
5	Max Harteisen arbeitet in der Fabrik von Otto.	☐	☐
6	Alle versuchen, so lange wie möglich in Berlin zu bleiben.	☐	☐
7	Beide Eheleute Quangel legen Karten aus.	☐	☐
8	Eines Tages bekommt Anna Besuch von ihren Eltern.	☐	☐
9	Anna und Ulrich sind Geschwister.	☐	☐
10	Otto will kein Geld schicken.	☐	☐

3 Verbinde Frage und Antwort.

1 ☐ Was gehört zu den Aufgaben der NS-Frauenschaft?
2 ☐ Warum ist Anna traurig und doch froh?
3 ☐ Warum ist Anna am Anfang von Otto enttäuscht?
4 ☐ Was träumt das Ehepaar Quangel?
5 ☐ Wer findet die erste Karte der Quangels?
6 ☐ Warum ist für Escherich der Kartenschreiber kein Kommunist?
7 ☐ Wer ist Ulrich?
8 ☐ Warum möchte Otto Annas Eltern nicht finanziell unterstützen?

a Er ist Annas Bruder, er ist verheiratet, aber den Namen seiner Frau erfahren wir im Roman nicht.
b Otto meint, dass sie selbst das Geld früher oder später brauchen könnten.
c Frauen, die nicht arbeiten, an ihre deutschen Pflichten zu erinnern.
d Otto scheint an ihren Sohn zu denken, der gerade im Krieg gefallen ist.
e Hitler wird die Karten lesen und schreien.
f Anna hat sich eine große und gefährliche Widerstandsaktion vorgestellt.
g Ein Schauspieler, der den Nazis nicht immer gefällt und Angst hat.
h Die Karten sind einfach geschrieben, ohne ideologischen Hintergrund.

Wortschatz

4 Welches Verb passt? Verbinde.

1 ☐ aus der Partei   a verschwinden
2 ☐ zu einer Aufgabe   b begleiten
3 ☐ etwas in der Hand   c kosten
4 ☐ eine Veränderung   d austreten
5 ☐ den Kopf   e halten
6 ☐ den Mann   f wissen
7 ☐ aus der Stadt   g gehören
8 ☐ von nichts   h bemerken

5 Welches Adjektiv passt nicht?

1 froh — zufrieden — beängstigt — glücklich — heiter
2 schlau — blöd — intelligent — clever — klug
3 wichtig — großartig — bedeutend — unmöglich — relevant
4 konfus — klar — deutlich — verständlich — durchsichtig
5 simpel — einfach — leicht — natürlich — kompliziert

Grammatik

6 Setze ein: „statt", „ohne" oder „um"?

1 .... zu weinen, sollten wir handeln!
2 Anna handelt so, ... aus der Frauenschaft austreten zu können.
3 Frau Gerich, Sie sollten arbeiten, ... hier zu sitzen!
4 Otto spricht mit Anna, ... ihr in die Augen zu schauen.
5 Der Klabautermann wird weiterschreiben, ... das Denken aufzugeben.
6 Anna und Otto legen Karten ab, ... die Deutschen zu warnen.
7 .... geduldig zu warten, kann Kommissar Escherich nicht arbeiten.
8 Anna möchte den Eltern Geld schicken, ... ihnen zu helfen.

7 Forme die direkten Fragen in indirekte Fragesätze um. Beachte das Beispiel.

0 Anna fragt sich: „Hat Otto diesmal Recht?"
   Anna fragt sich, ob Otto diesmal Recht hat.
1 Claire Gerich fragt sich: „Weiß die Frau, wer ich bin?"
2 Otto fragt sich: „Kann ich noch gut schnitzen?"
3 Das Ehepaar fragt sich: „Wird Hitler unsere Karten lesen?"
4 Anna fragt sich: „Kommt Otto bald aus dem Haus?"
5 Die Partei fragt sich: „Ist der Schauspieler ein echter Nazi?"
6 Der Schauspieler fragt sich: „Kann ich bald Berlin verlassen?"
7 Kommissar Escherich fragt sich: „Werde ich den Klabautermann fassen?"
8 Annas Bruder fragt sich: „Besuchen Anna und Otto uns wirklich?"

Das Olympiastadion, Berlin 1936.

Berlin in der Nazizeit

Als am 30. Januar 1933 Adolf Hitler zum Reichskanzler ernannt wird, beginnt für Berlin ein trauriger Zeitabschnitt seiner Geschichte, der erst am 9. November 1989 mit der Öffnung der Berliner Mauer endete. Diese kann man als die letzte Folge der nationalsozialistischen Machtübernahme und der Katastrophe des Dritten Reichs ansehen.

Schon am 27. Februar 1933 ist der Brand des Reichtags Anlass für die NSDAP, die elementarsten Grundrechte aufzuheben. Bis heute ist nicht geklärt, was genau passierte und wer die Verantwortung trug. Jedenfalls hatten die Nazis einen Grund gefunden, um ihre politischen Gegner auszuschalten. Am 1. April werden jüdische Geschäfte boykottiert. Am 10. Mai veranstalten vor allem Studenten eine Bücherverbrennung: Werke, die nicht mit der Ideologie der Nazis übereinstimmen, kommen auf den Scheiterhaufen. Es sind Bücher von 24 Schriftstellern, stellvertretend für viele andere, im Rahmen einer sogenannten „Aktion wider den undeutschen Geist".

Im Jahre 1936 werden die ersten Juden zur Auswanderung gezwungen. Im selben Jahr finden in Berlin die Olympischen Sommerspiele statt, über welche die zwei propagandistischen Dokumentarfilme *Olympia* von Leni Riefenstahl ein beeindruckendes Zeugnis ablegen. Da wird die Olympiastadt Berlin zu einem Schaufenster einer heilen und gesunden Welt: Jedes Zeichen von Antisemitismus wird entfernt.

Berlin wird allmählich zur Zentrale des Terrors umgebaut. Die Partei, die Polizei, die Wehrmacht geben durch ihre Organisation natürlich auch Zeichen für eine neue Struktur und Neubesetzung der Stadt. Berlin als Hauptstadt erst Preußens, dann des Deutschen Kaiserreiches und nun des „Tausendjährigen Reiches" soll in den Augen Hitlers ein neues Aussehen erhalten. Er wird folgendermaßen zitiert: „Berlin ist eine Großstadt, aber keine Weltstadt. Sehen Sie Paris an, die schönste Stadt in der Welt! Oder selbst Wien! Das sind Städte mit einem großen Wurf. Berlin aber ist nichts als eine ungeregelte Anhäufung von Bauten. Wir müssen Paris und Wien übertrumpfen."

So wird 1937 Albert Speer zum Generalbauinspektor der Reichshauptstadt ernannt. Er hat große Pläne, um die neue Metropole „Germania" aufzubauen. Sehr wenig ist davon realisiert worden. Besonders beeindruckend ist der heute leere Platz zwischen Reichstagsgebäude und Spree: Hier sollte nach Speers Plänen die „Große Volkshalle" entstehen, mit einer Kuppel von 290 m Höhe. Das Viertel, das hier stand, wurde bis 1942 zum größten Teil abgerissen.

Speer ist auch für die Deportation der Juden aus Berlin mitverantwortlich. So sprach er 1938 von einer „zwangsweisen Ausmietung" der Juden. Das sollte ein Schritt in Richtung Neugestaltung Berlins sein. Wenn Speer den geplanten Abriss von über 50.000 Wohnungen realisiert hätte, wären bis zu 200.000 Berliner ohne Wohnung geblieben. Mit Kriegsbeginn stoppte der Architekt seinen Plan. Juden wurden aber weiterhin aus ihren Wohnungen vertrieben.

Ein anderes schlimmes Ereignis gegen die Juden ist die Kristallnacht vom 9. auf den 10. November 1938. Geschäfte werden beschädigt und rund 80 Synagogen teilweise oder völlig zerstört. In und um Berlin zeugen heute mehrere Bauten vom tragischen Schicksal der Juden und informieren darüber: Wichtige Beispiele sind die Neue Synagoge, das Jüdische Museum, das Holocaust-Mahnmal; rund 30 km nördlich von Berlin befindet sich das ehemalige Konzentrationslager Sachsenhausen. Fast 7600 „Stolpersteine" liegen vor gleich vielen Wohnstätten von Verfolgten des Nationalsozialismus, die von hier verschleppt wurden.

Bevor Berlin durch schlimme Bombardierungen erschüttert wurde, konnte die Diktatur noch einige Gebäude errichten lassen, die den Architekturstil der Zeit widerspiegeln. Besonders imposant ist der heutige Sitz des Bundesfinanzministeriums, ein Komplex, der 1935 für das damalige Reichsluftfahrtministerium erbaut wurde. Viel bescheidener gibt sich die italienische Botschaft, die 1939-41 erbaut wurde.

Ab 1940 wurde Berlin Zielscheibe von Luftangriffen durch englische und amerikanische Flieger. Viele Menschen konnten sich in Luftschutzkeller oder in Bunker retten. Unklar ist die Zahl der Todesopfer: Man schätzt sie auf 20.000 bis 50.000.

Das sogenannte Totenhaus Plötzensee wurde im Sommer 1943 zum Teil schwer beschädigt. Daraufhin wurden in fünf Nächten sämtliche ausstehenden 250 Todesurteile vollstreckt, „um Platz zu schaffen". Im November 1943 traf eine Luftmine das Haus des Ehepaars Hampel, die im Roman von Fallada zu Otto und Anna Quangel werden. In der Gegend war es das einzige Haus, das bombardiert wurde. Es gab fast 100 Tote. Aber der schlimmste Angriff geschah am 3. Februar 1945. Zu den Opfern zählte auch der berüchtigte Vorsitzende des Volksgerichtshofes Roland Freisler. 120.000 Menschen wurden an dem Tag obdachlos.

Berlin, 1980er Jahre. Die Mauer teilt die Stadt.

Als am 8. Mai 1945 die Kapitulation unterschrieben wurde, lebten in Berlin noch 2,8 Millionen Menschen. Bei Ausbruch des Krieges waren es 4,3 Millionen. Von 82.000 Juden überlebten 7247 Krieg und Verfolgung. Berlin wurde später in vier Sektoren aufgeteilt. Am 13. August 1961 wurde die Berliner Mauer gebaut. Seit 1989 ist Berlin keine geteilte Stadt mehr, 1999 zogen der Bundestag (so heißt das deutsche Parlament) und die Regierung des wiedervereinten Deutschlands in die wie neugeborene Hauptstadt.

Textverständnis

1 Was ist richtig?

1 Der Reichstagsbrand
   a ☐ war Schuld der Nazis.
   b ☐ war Schuld der jüdischen Gemeinde.
   c ☐ ist bis heute ungeklärt.

2 Am 10. Mai 1933 werden in Berlin

    a ☐ Bibliotheken in Brand gesteckt.

    b ☐ Bücher öffentlich in Brand gesteckt.

    c ☐ Bilder auf einem Scheiterhaufen in Brand gesteckt.

3 Die Olympischen Spiele in Berlin

    a ☐ finden im Sommer 1936 statt.

    b ☐ finden 1936 zweimal statt.

    c ☐ finden während des Krieges statt.

4 Adolf Hitler

    a ☐ war von Berlin immer begeistert.

    b ☐ gefiel Berlin besser als Wien.

    c ☐ wollte ein schöneres Berlin.

5 Albert Speer

    a ☐ war ein Ideologe der NSDAP.

    b ☐ war Polizeiinspektor.

    c ☐ war Architekt.

6 Das Gebäude der italienischen Botschaft

    a ☐ entstand während des Krieges.

    b ☐ wurde vor dem Krieg erbaut.

    c ☐ steht nicht mehr.

7 Am 3. Februar 1945

    a ☐ verloren in Berlin 120.000 Menschen ihre Wohnung.

    b ☐ verloren in Berlin 120.000 Menschen ihr Leben.

    c ☐ verloren in Berlin 25.000 Menschen ihre Wohnung.

8 Von 1961 bis 1989 war Berlin

    a ☐ die Hauptstadt Deutschlands.

    b ☐ eine geteilte Stadt.

    c ☐ in vier Sektoren aufgeteilt.

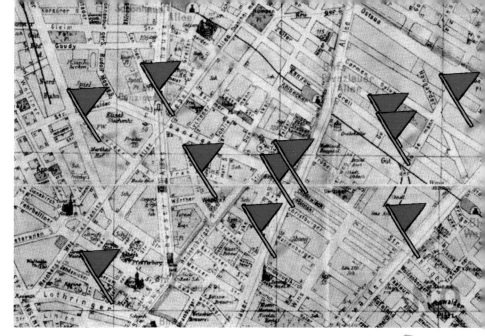

Enno Kluge

nno Kluge gefällt den Frauen. Aber wer ihn kennt, findet ihn schnell feige und faul. Er hat aber auch Pech, und wir werden sehen, dass das für ihn das größte Problem ist. Er wird vor allem mit Kommissar Escherich einige Schwierigkeiten haben. Kommissar Escherich ist ein Mann der Gestapo. Die Geheime Staatspolizei kontrolliert alle und alles, sie hat Spitzel und Informanten, ein sehr dichtes Netz, in das jeder Verbrecher gehen kann und soll, aber auch jeder Feind der Nazis, jeder, der anders denkt als die Partei.

Kommissar Escherichs Aufgabe ist es, den oder die Kartenschreiber zu finden. Jetzt ist ein halbes Jahr seit der ersten Karte vergangen. Für jede Karte, die die Gestapo bekommen hat, steckt Kommissar Escherich ein Fähnchen in einen Stadtplan von Berlin. 28 Karten haben die Quangels geschrieben und in vielen Häusern abgelegt, 24 davon sind irgendwie bei der Gestapo

gelandet. Die anderen vier wurden vielleicht gelesen, aber dann sofort verbrannt oder zerrissen.

Aber Kommissar Escherich hat noch keine Spur. Er weiß nichts, hat nichts in der Hand. Sein Chef ist nicht zufrieden. Sein Chef ist ein wichtiger SS-Mann, Prall ist sein Name, Obergruppenführer sein Titel. „Sie erzählen mir immer von Geduld, Escherich. Die Herren über uns hören das gar nicht gern." — „Herr Obergruppenführer, keine Sorge. Ich bin Kriminalist und werde den Klabautermann finden." — „Wieso Klabautermann?" — „Er ist ein Gespenst, das allen Leuten Angst macht, wie der Klabautermann auf den Schiffen."

Prall ist unruhig. „Wir müssen verhindern, dass diese Karten Hunderte Berliner erreichen. Wer weiß, wie viele Karten in Berlin sind. Und wie viele Berliner sie schon gelesen haben." Aber Kommissar Escherich möchte ihn beruhigen: „Die Deutschen haben viel zu große Angst. Mehr als zehn Karten sind bestimmt nicht im Umlauf!"

Prall ärgert sich über Kommissar Escherich. Dieser Mann erscheint arrogant, der meint, alles zu wissen, und trösten will er wie ein Pfarrer. „Herr Obergruppenführer, es ist ein Mann, der allein lebt. Eine Frau, die ihren Sohn verloren hat, will getröstet werden und dafür muss sie reden. Die schreibt keine Karten." — Prall dazu: „Ist das alles?" — „Unser Mann hat keinen festen Beruf. Die Karten wurden zu allen Tageszeiten gefunden. Aber er hat die Schule besucht, er schreibt nicht schlecht." Kommissar Escherich beruhigt auch sich selbst. Prall ist gegangen, Kommissar Escherich ist erleichtert. Er muss Geduld haben, denn er ist sicher, dass der Zufall ihm irgendwann und irgendwie helfen wird. Zurzeit hat der Kommissar keine bessere Idee.

Enno Kluge ist wieder einmal beim Arzt. Er hat wieder keine Lust zu arbeiten. Der Arzt soll ihn krankschreiben und mit dem

Enno Kluge

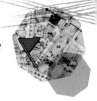

Attest kann er in die Fabrik gehen und sagen: „Hier steht es, dass ich krank bin. Ich komme in ein paar Tagen wieder." So geht das mit Enno sein ganzes Leben lang. Aber diesmal ist etwas ganz Besonderes passiert. Er hat eine besondere Frau kennengelernt, Hete Häberle: eine ehrliche, fleißige, kluge Frau. Und er gefällt dieser Frau und sie kann ihm helfen. Hete hat ein Tiergeschäft und dort kann Enno arbeiten. Dafür darf er bei Hete wohnen und essen. Zwischen Fabrik und Tiergeschäft entscheidet sich Enno für Hetes Laden und deshalb ist er beim Arzt. Ist es vielleicht das letzte Mal? Wird er vielleicht sogar Hete heiraten? Von Eva kann er sich bestimmt leicht trennen.

Im Wartezimmer beim Arzt ist es voll. Enno geht oft auf die Toilette, denn da kann er heimlich rauchen. Der Sekretärin des Arztes gefällt das überhaupt nicht. Sie ist sehr nervös, ruft manchmal laut und ärgerlich, sie schreit. „Sie sind ja schon wieder auf der Toilette! Sie rauchen ja schon wieder!" Enno gibt nach; feige, wie er ist, geht er zu seinem Platz zurück. Auf einmal schreit die Sekretärin noch lauter: „Herr Doktor, Herr Doktor! Ich habe diese Karte im Flur gefunden."

Eine Karte der Quangels. „Deutscher, vergiss es nicht! Mit dem Anschluss von Österreich fing es an ..." Die Sekretärin ist sich sicher: „Das war der Raucher da. Der hat sie fallen lassen." Der Arzt ruft die Polizei und die nimmt Enno fest. Enno hat sogar versucht wegzulaufen, er denkt an die Sache mit der Wohnung von Frau Rosenthal. Aber damit hat das Ganze gar nichts zu tun[1].

Endlich wird Kommissar Escherich informiert. Der merkt sofort, dass Enno Kluge nie solche Karten schreiben könnte. Kommissar Escherich trifft Enno im Gefängnis, dann verhört er ihn. Enno war

---

1. **mit etwas zu tun haben**: mit etwas zusammenhängen.

schon in Panik, als der Assistent von Kommissar Escherich ihm die Karte gezeigt hat. Ganz klar: Nie hat Enno das gelesen, also auch nicht geschrieben. Enno ist bei Kommissar Escherich furchtbar ängstlich, er weint die ganze Zeit, er will seine Ruhe haben. Doch Kommissar Escherich braucht bald einen Schuldigen.

So bietet Kommissar Escherich dem armen, feigen, dummen Enno Kluge einen Handel an: Enno ist frei, wenn er ein Protokoll unterscheibt. Darin steht, dass Enno die Karte von einem Herrn auf der Frankfurter Straße bekommen hat. Dieser Herr bittet Enno, die Karte in der Arztpraxis einfach irgendwo fallen zu lassen — nur um den Arzt in große Schwierigkeiten zu bringen. Natürlich stimmt das alles nicht, aber Enno ist dann frei, sofort. Und Kommissar Escherich würde zur Fabrik gehen und das mit der Arbeit wieder klären.

Und Enno unterschreibt. Er darf gehen. Kommissar Escherich schickt zwei Gestapo-Leute hinterher, die sollen kontrollieren, was Enno so macht, zwei Spitzel also. Mit dem unterschriebenen Protokoll geht Kommissar Escherich zur Prinz-Albrecht-Straße. Da ist die SS-Hauptzentrale von Berlin: viele Büros, aber auch ein schreckliches Gefängnis, der Bunker. Der Ort ist die Hölle.

Aber Kommissar Escherich will zu Prall, zu seinem Chef, und ihm wenigsten ein erstes Ergebnis zeigen. Doch Prall schreit und droht fürchterlich, als er hört, dass Enno Kluge frei ist. Auch die Geschichte mit den zwei Spitzeln kann Prall nicht so schnell beruhigen. Aber dann bekommt Kommissar Escherich sogar noch einen Orden. „Das Verdienstkreuz war eigentlich für Kommissar Rusch. Der hat ganz gut mit einer alten Jüdin gearbeitet, die dann aus einem Fenster gefallen ist. Aber jetzt sind Sie zuerst gekommen."

Kommissar Escherich lernt wieder die Angst kennen, nach vielen, vielen Jahren. Ein Gestapo-Kommissar, der Angst hat.

Er geht in sein Büro — und dann die schlimme Nachricht: „Wir haben Enno Kluge verloren. Er muss gemerkt haben, dass wir ihn ausspionierten."

Enno hat aber gar nichts gemerkt; Berlin hat ihn einfach verschluckt. Eigentlich ist Enno nur zu seiner Hete gegangen. Bei ihr arbeitet er jetzt seit einigen Tagen. Mit den Kunden im Geschäft kommt er gut klar. Die Leute haben ihn gern. Enno scheint zufrieden zu sein — wenn da nicht seine Lust am Spiel wäre! Hete hat ihm geholfen, sie ist eine gute Frau und sie weiß, wie schlimm die Zeiten sind.

Hete muss aufs Land. Für einen Tag lässt sie Enno allein im Laden. Und was macht der? Der schließt einfach das Geschäft, nimmt alles Geld aus der Kasse und geht wetten: Pferd Adebar soll gewinnen und Adebar gewinnt — und Enno Kluge mit ihm. Stolz kehrt er zurück, aber Hete ist schon im Geschäft, und die Liebe ist aus.

In diesen Tagen muss Kommissar Escherich noch einmal zu Prall und diesmal ist das Gespräch wirklich nicht angenehm. Eine Woche Zeit hat er noch, dann würde die Situation für den Gestapo-Kommissar sehr kritisch aussehen. Der Zufall will es, dass ein gewisser Emil Barkhausen bei Kommissar Escherich anklopft. Genau der Emil, der mit Enno Kluge die arme Frau Rosenthal besucht hatte ... Emil arbeitet gern für die Geheimpolizei als Spitzel, aber diesmal will er die Familie Persicke anzeigen. Nur ist Söhnchen Baldur ein zu wichtiger Mann der Partei und Kommissar Escherich kann und will nichts machen. Doch dann fällt dem schlauen Kommissar Escherich etwas ein: „Barkhausen, kennen Sie vielleicht einen gewissen Enno Kluge?"

Irgendwie hat Enno Kluge vielleicht doch etwas mit den Karten zu tun. Ob der Zufall wieder hilft?

Nach dem Lesen

Textverständnis

1 Ordne die Sätze in der Reihenfolge der Erzählung von 1 bis 10.

a ☐ Ein gewisser Barkhausen meldet sich bei Escherich.

b ☐ Enno Kluge wird von Escherich freigelassen.

c ☐ Prall brüllt fürchterlich, dann beruhigt er sich doch.

d ☐ Enno Kluge setzt auf das richtige Pferd.

e ☐ Nach dem dritten Treffen mit Prall bleibt Escherich nur noch eine Woche Zeit, um den Klabautermann zu finden.

f ☐ Obergruppenführer Prall beginnt, unruhig zu werden.

g ☐ Enno Kluge gefällt den Kunden im Geschäft.

h ☐ Als Prall weggeht, ist Escherich erleichtert.

i ☐ Enno Kluge lernt Hete Häberle kennen.

j ☐ Bei einem Arzt wird eine Karte von Otto Quangel gefunden.

2 Wer denkt oder sagt das?

	Enno	Hete	Escherich
1 Rauchen verboten? Ist mir egal, ich geh ins Bad.	☐	☐	☐
2 Sehr wenige Berliner haben eine Karte von Quangel gelesen.	☐	☐	☐
3 Der kommt ja toll mit den Kunden klar!	☐	☐	☐
4 Das ist wohl die richtige Frau für mich.	☐	☐	☐
5 Hoffentlich kann ich mich auf ihn verlassen.	☐	☐	☐
6 Sagt Ihnen der Name „Kluge" etwas?	☐	☐	☐
7 Irgendwie hängt der Typ mit dem Kartenschreiber zusammen.	☐	☐	☐
8 Wieso ist der Laden geschlossen?	☐	☐	☐
9 Jetzt oder nie! Das gibt viel Geld!	☐	☐	☐
10 Sie brauchen nur hier zu unterschreiben.	☐	☐	☐

3 Was ist richtig?

1 Die Geheime Staatspolizei
- a ☐ arbeitet mit Netzen.
- b ☐ sucht nicht nur Feinde des Systems.
- c ☐ hat nur wenige, aber gute Informanten.

2 Prall
- a ☐ kann sehr unfreundlich werden.
- b ☐ ist immer freundlich.
- c ☐ ist immer unfreundlich.

3 Enno Kluge
- a ☐ ist oft beim Arzt.
- b ☐ ist oft krank.
- c ☐ ist selten faul.

4 Hete Häberle
- a ☐ ist eine dumme Verkäuferin.
- b ☐ ist eine kluge Kauffrau.
- c ☐ ist eine fleißige Tierärztin.

5 Kommissar Escherich
- a ☐ hat nie Angst.
- b ☐ hat oft Angst.
- c ☐ weiß bald wieder, was Angst bedeutet.

6 Emil Barkhausen
- a ☐ ist ein guter Mensch.
- b ☐ ist ein fleißiger Spitzel.
- c ☐ ist ein schlauer Dieb.

Wortschatz

4 Wähle das passende Adjektiv.

1 Der *gelassene / entlassene / verlassene* Escherich übt sich in Geduld.

2 Obergruppenführer Prall benimmt sich als *friedlicher / brutaler / stiller* Mann.

3 Für Prall ist Escherich ein *brillanter / galanter / arroganter* Kommissar.

4 Der *nette / hässliche / böse* Herr Kluge lernt Hete Häberle kennen.

5 Hete Häberle ist eine *feige / ernsthafte / frische* Frau.

6 Der Arzt hat eine *liebevolle / hysterische / leise* Sekretärin.

7 Quangels Karten sind *sicher / heiter / tapfer*.

8 Es ist keine *langweilige / langlebige / langsame* Liebe.

5 **Verbinde mit dem Gegenteil.**

1	☐	verhindern	a	Plan
2	☐	Geduld	b	falsch
3	☐	Langeweile	c	Unruhe
4	☐	dicht	d	immer
5	☐	erleichtert	e	locker
6	☐	ehrlich	f	Interesse
7	☐	Zufall	g	erlauben
8	☐	zurzeit	h	besorgt

Grammatik

6 **Verbinde die Sätze mit der Konjunktion „obwohl". Beachte das Beispiel.**

0 Enno Kluge gefällt den Frauen. Er ist feige und faul.
Enno Kluge gefällt den Frauen, obwohl er feige und faul ist.

1 Escherich hat den Klabautermann noch nicht gefunden. Er sucht ihn seit einem halben Jahr.

2 Prall ärgert sich über Escherich. Der Kommissar will ihn trösten.

3 Der Arzt soll Enno krankschreiben. Kluge ist gar nicht krank.

4 Enno denkt an Heirat. Er ist noch mit Eva verheiratet.

5 Enno raucht auf der Toilette. Das ist verboten.

6 Enno unterschreibt das Protokoll. Darin stehen nur Unwahrheiten.

7 Enno ist verschwunden. Zwei Gestapo-Leute spionierten ihn aus.

8 Enno wettet auf ein Pferd. Er soll in Hetes Geschäft arbeiten.

9 Prall gibt Escherich einen Orden. Prall war sehr wütend auf ihn.

10 Escherich interessiert sich immer mehr für Kluge. Er muss bald den Kartenschreiber finden.

41

Relativsätze

*Eine Frau, **die** ihren Sohn verloren hat, will getröstet werden.*

Die Relativsätze geben in einem Nebensatz nähere Informationen zu einem Substantiv im Hauptsatz. Das Verbindungswort ist ein **Relativpronomen**, das vom Genus und Numerus des Substantivs im Hauptsatz abhängt und dessen Fall vom Verb im Relativsatz bestimmt wird.

*Enno, **dem** Hete gern helfen will, stiehlt das Geld aus der Kasse.*
*Die Gestapoleute, vor **denen** Enno Angst hat, suchen den Mann überall.*

Präpositionen werden vor das Relativpronomen gesetzt.

*Das Pferd, **auf das** Kluge viel Geld setzt, heißt Adebar.*

	Maskulinum	Femininum	Neutrum	Plural
Nominativ	der	die	das	die
Akkusativ	den	die	das	die
Dativ	dem	der	dem	denen
Genitiv	dessen	deren	dessen	deren

7 **Setze das richtige Relativpronomen ein.**

1 Hans Falladas Roman, ... ihm den größten Erfolg brachte, heißt *Kleiner Mann — was nun?*

2 Für jede Karte, ... gefunden wird, steckt Escherich ein Fähnchen in den Stadtplan.

3 Es sind bestimmt wenige Karten, ... die Berliner gelesen haben.

4 Der Arzt, zu .... Enno Kluge geht, kennt seinen faulen Patienten sehr gut.

5 Enno arbeitet in einem Geschäft, ... einer fleißigen Frau gehört.

6 Enno ist nicht der Klabautermann, ... Escherich sucht.

7 Hete, ... aufs Land fahren muss, lässt Enno allein im Laden.

8 Die Persickes sollen das Radio von Frau Rosenthal, ... sie es gestohlen haben, behalten.

8 Verbinde die Sätze mit einem Relativpronomen. Beachte das Beispiel.

0 Escherich geht mit dem Protokoll zur SS-Hauptzentrale. Kluge hat das Protokoll unterschrieben.
Escherich geht mit dem Protokoll, das Kluge unterschrieben hat, zur SS-Hauptzentrale.

1 Enno Kluge ist ein feiger Mann. Er könnte nie Karten gegen das Nazi-Regime schreiben.

2 Trifft Enno auf der Frankfurter Straße wirklich einen Herrn? Dieser Herr will den Arzt in große Schwierigkeiten bringen.

3 Escherich wird zur Fabrik gehen und die Probleme klären. Enno hat Probleme mit der Arbeit.

4 Berlin hat Enno einfach verschluckt. Enno hat die Gestapo-Verfolger gar nicht bemerkt.

Kultur und Landeskunde

Deutscher Widerstand gegen Hitler

Aktionen wie die des Ehepaars Hampel oder der kommunistischen Zelle, die Hans Fallada in seinem Roman beschreibt, waren in Deutschland während des Nazi-Regimes zwar nicht häufig, aber es gab sie. Über ihren Erfolg kann man nur spekulieren, vieles ist in den Akten in Vergessenheit geraten.

Das Attentat vom 20. Juli 1944.

Der bekannteste Versuch, direkt Adolf Hitler auszuschalten, war das Attentat vom 20. Juli 1944. Die Bombe gegen den Diktator verletzte ihn allerdings nur leicht. Ungefähr 150 Personen wurden als Schuldige oder Mitwisser getötet. Die Aktion wurde von Menschen aus dem Adel und aus der Wehrmacht organisiert und durchgeführt.

Die Rote Kapelle bestand vor allem aus Mitgliedern der Armee und versuchte vergeblich, Hitler und die Nazi-Diktatur zu stürzen.

Die bürgerliche Form des Widerstands durch Verbreitung von Schriften gegen die Nationalsozialisten kennt ein besonders erschütterndes Beispiel.

Es ist die Weiße Rose, eine Gruppe von Studenten, die mit der Unterstützung eines Hochschulprofessors in München das deutsche Volk mit Flugblättern überzeugen wollten, das Hitler-Regime zu stürzen.

Die Organisation wurde aufgedeckt und die Verantwortlichen, darunter die Geschwister Scholl, hingerichtet.

Auch die Kirche schaute nicht immer stumm zu. Die Bekennende Kirche war zum Beispiel eine evangelische Oppositionsbewegung. Der Katholische Bischof in Münster Clemens August Graf von Galen sprach sich in seinen Predigten deutlich gegen die Ideologie und die Maßnahmen der Nazis aus.

Wahrscheinlich scheiterten diese und viele weitere Unternehmen an der nicht immer perfekten Organisation, aber vor allem an dem sehr subtilen Überwachungssystem der Nationalsozialisten, die beim geringsten Verdacht radikal durchgriffen. Das Ende von Hans und Sophie Scholl ist nur eins von sehr vielen Beispiel dafür.

Verbinde.

Gerichtsaal, in dem 1943 das Urteil gegen die Mitglieder der Weißen Rose gesprochen wurde.

1 ☐ Die Weiße Rose
2 ☐ Das Ehepaar Hampel
3 ☐ Aus Adel und Wehrmacht
4 ☐ Adolf Hitler
5 ☐ Die Rote Kapelle
6 ☐ Die Bekennende Kirche
7 ☐ Die Geschwister Scholl
8 ☐ Die „Personen des

a bestand vor allem aus Militärs.

b agierte mit Flugblättern.

c 20. Juli 1944" wussten an dem Tag von dem Attentat.

d studierten in München.

e war eine evangelische Oppositionsbewegung.

f kamen viele Oppositionelle.

g bleibt durch Falladas Roman unvergessen.

h überlebte wie durch ein Wunder.

Emil Barkhausen

Emil Barkhausen ist noch immer wütend auf Enno. Damals in der Wohnung von Frau Rosenthal hat Enno so viel getrunken, dass der Einbruch zu lange dauerte. Und so wurden sie von den Persickes erwischt. „Alles Schuld von dem blöden Enno." Dann hat Barkhausen auch entdeckt, dass das tolle Radio von Frau Rosenthal bei den Persickes steht; also erst schlagen, dann selbst stehlen!

So ist unser Emil zur Gestapo gelaufen und will die Leute denunzieren. Kommissar Escherich hört gar nicht hin, wird selbst wütend, nutzt aber dann doch den schlechten Charakter von Barkhausen aus. „Enno Kluge ist nichts für die Gestapo. Der wettet nur immer. Was wollen Sie denn mit so einem Idioten, Herr Kommissar?" — „Das ist meine Sache, Barkhausen. Bringen Sie mir den Mann. Dafür gibt es fünfhundert Mark." — „Nein, mit so einem rede ich nicht. Ich werde Ihnen sagen, wo Sie ihn finden

können. Aber dann helfen Sie mir doch bei der Geschichte mit den Persickes."

Jetzt ist es Kommissar Escherich zu viel. Ein Schlag, ein Tritt — und Barkhausen fällt die Treppe hinunter. Ein Gestapo-Mann schlägt ihn auch noch einmal und so liegt Emil vor dem gefährlichen Gebäude in der Prinz-Albrecht-Straße, aber niemand kümmert sich um ihn. Alle haben Angst.

Als Enno mit Hetes Geld auf das Pferd Adebar wettet und das Glück hat zu gewinnen, hat Emil das Glück, seinen alten Bekannten in dem Wettlokal zu finden. Es hat gar nicht lange gedauert. Emil folgt dann Enno bis zum Geschäft von Hete. Emil ist neidisch. „Was der Idiot für ein Glück hat! Arbeitet nicht, aber Frauen und Geld findet er immer."

So spioniert er die ganze Zeit, als Hete sich mit Enno streitet, ja sogar als die zwei in Hetes Wohnung über dem Geschäft gehen. Enno bittet Hete, ihn nicht herauszuschmeißen. „Die Gestapo sucht mich und wenn die mich findet, bin ich tot." Hete weiß, dass sie mit dem Mann nicht leben kann, aber als sie am nächsten Morgen Besuch von Barkhausen im Geschäft bekommt, hat sie Angst um Enno. Der grüßt Emil, lässt aber dann Hete mit dem seltsamen Kunden allein.

„Wir wollen ein Geschäft machen", beginnt Emil. „Sie denken, ich bin von der Gestapo, aber ich arbeite nur manchmal für sie." — „Was wollen Sie von uns?" — „Die Gestapo zahlt mir tausend Mark, wenn ich Ihren Enno finde. Ich muss ihn natürlich nicht finden ..." — „Wenn *ich* Ihnen tausend Mark gebe, darf Enno aber auch verschwinden, bevor Sie ihn finden?" — „Zweitausend, Frau Häberle." Emil hat sich den Namen an der Wohnung aufgeschrieben. „... und noch hundert für die Spesen."

Hete Häberle überlegt lange. Sie ist nicht feige, mit Barkhausen spricht sie klar und deutlich. Dumm ist sie auch nicht. Sie ist aber auch sehr ehrlich; ein Typ wie Enno braucht zwar ihre Hilfe, aber das muss genügen. „Gut, ich gebe Ihnen die zweitausend Mark. Aber nicht sofort. Wir gehen zur Post, dort zahle ich das Geld auf ein Konto an der Hauptpost in München. Sie holen sich dann das Geld dort ab, am Bahnhof hier in Berlin bekommen Sie noch weitere zweihundert Mark." Das gefällt Emil Barkhausen eigentlich gar nicht. Zwei Tage würde er mindestens brauchen, um mit dem Geld wieder in Berlin zu sein. „Ja, Herr Barkhausen. Enno soll genug Zeit haben, sich verstecken zu können."

So kommt das Geld nach München und Emil in den Zug. Hete aber muss sich nun definitiv um Enno kümmern. Der soll bei einer Freundin von Hete wohnen, im Westen von Berlin. Anna Schönlein hat früher mit Hetes Mann gearbeitet, bis der dann ins KZ gebracht wurde. Ob sie heute noch im Widerstand aktiv ist, weiß Hete nicht, das ist ihr auch egal. Aber sie weiß: „Ich bringe Enno zu Anna, gebe ihm Geld und Enno wird wieder einmal ein neues Leben beginnen." Enno muss das akzeptieren und so endet die Affäre zwischen Hete und Enno.

Emil Barkhausen ist nicht dumm, aber böse und unglücklich. Pech hat er auch, und zwar viel. Er denkt: „In Berlin-Lichterfelde steige ich aus dem Zug nach München aus, gehe zu Escherich, bekomme sofort fünfhundert Mark. Dann fahre ich irgendwann in Ruhe nach München. Aber Enno darf nicht verschwinden." Schon vorher hat Emil seinem Sohn Kuno-Dieter befohlen, auf das Tiergeschäft aufzupassen.

Kuno-Dieter ist vielleicht gar nicht der Sohn von Emil Barkhausen. Der lebt, wie wir gelesen haben, in der Jablonskistraße 55, mit Otti und ihren fünf Kindern. Aber Kuno-Dieter ist der schnellste von den fünfen, so schnell, dass er Geld von seinem „Vater" haben will. Emil ärgert sich sehr über den Jungen, vor allem

als er aus Lichterfelde zurückkehrt und ihm ein anderer Berliner Junge sagt, er soll zu Hause warten: „Neuigkeiten für Sie."

Emil wartet lange, viele Stunden. Dann erscheint endlich ein anderer Junge: „Berlin West, Ansbacher Straße." Emil fährt dorthin, trifft seinen Kuno-Dieter vor dem Haus, wo Enno stecken soll. Emils Wut ist so groß, dass er den Jungen schlägt, aber da kommt eine ganze Bande auf ihn zu und Emil wird selbst verprügelt. Das Geld von Hete ist dann auch weg. Ihm bleibt nichts anderes übrig, als Kommissar Escherich anzurufen.

„Haben Sie meine fünfhundert Mark?" — „Halt den Mund!" Kommissar Escherich weiß eigentlich nicht, was er mit Enno machen soll. Wenn er ihn festnimmt, wird Obergruppenführer Prall mit seinen unschönen Methoden schnell von dem falschen Protokoll erfahren, von der erpressten Unterschrift. Frei darf Enno Kluge aber auch nicht bleiben; das würde Kommissar Escherich genauso viele Probleme machen. Hier darf also der Zufall jetzt keine Rolle spielen ...

Der Portier im Haus an der Ansbacher Straße ist sich sicher. „Die Frau Schönlein, die hat immer seltsame Typen im Haus. Da gehen Fremde ein und aus. Die versteckt bestimmt alle möglichen Verbrecher." Anna Schönlein ist sehr krank, aber Kommissar Escherich hat kein Mitleid. Nicht mit ihr, nicht mit Enno Kluge, der sich in einem Schrank versteckt hat. Enno weint wieder und muss doch dem Kommissar folgen. Emil Barkhausen aber will Enno lieber nicht treffen.

Und doch: „Ach, lieber Barkhausen, da sind Sie ja wieder." Kommissar Escherich spielt mit den fünfhundert Mark in seiner Tasche. Enno kann nicht anders: „Zweitausend Mark hat der da bekommen, um mich *nicht* bei Ihnen zu verraten!" Kommissar Escherich lässt die Geldscheine los und Emil hört wütend zu:

„Zweimal werden Sie nicht für dieselbe Sache bezahlt." Barkhausen muss verschwinden.

Kommissar Escherich bleibt mit Enno Kluge allein. „Erst gehen wir gut essen. Sie haben es sicher nicht eilig, mit mir zur Gestapo zu fahren." Beim guten Essen erzählt Kommissar Escherich dann von einem geheimnisvollen Mann am Schlachtensee. Den müssen sie heute Abend noch treffen. Aber es ist ein seltsamer Spaziergang, der plötzlich an einer Anlegestelle endet.

Tiefe Nacht, kein Mensch da. „Sie wollen mich töten, Escherich!", schreit Enno. „Schrei nicht, ich könnte dich sofort ins Wasser werfen. Aber in die Hände meiner Chefs darfst du nicht fallen. Die pressen alles aus dir heraus. Du wirst unendlich viel leiden und dann werden sie dich trotzdem töten." Enno ist in Panik. „Und jetzt?" Kommissar Escherich zeigt ihm die Pistole, gibt sie ihm. „Damit machst du Schluss!" Enno ist zu feige, doch er lässt sich erklären, wie der Revolver funktioniert. Und er schießt sogar!

„Das war ein Mordversuch, Kluge. Ich schmeiße dich ins Wasser." Enno kann nicht schwimmen, er hat wahnsinnige Angst vor dem Wasser und er kämpft mit aller Kraft gegen Kommissar Escherich. Dann zwei Schüsse und Enno Kluge fällt in den See. Tot. Kommissar Escherich denkt einen Moment daran, Kluge festzuhalten, aber da ist der kleine Feigling schon weggerutscht.

Wie nah Kommissar Escherich mit seinem Enno Kluge an dem Kartenschreiber war, wird er bald erfahren. Denn da ist noch immer Emil Barkhausen, und der wohnt ja im selben Haus wie die Quangels. Die Gestapo sucht weiter nach dem Kartenschreiber, Kommissar Escherichs Berlinkarte hat wirklich viele rote Fähnchen, nur in einem kleinen Viereck stecken keine. Da muss der gesuchte Mann, dieser Verräter und Volksfeind, wohnen, denn bei seinen Nachbarn kann er keine Karten ablegen.

KAPITEL 4

Tatsächlich sitzt dann so ein Gestapo-Spitzel, Klebs ist sein Name, bei dem alten Persicke. Drei Söhne hat dieser der Partei geschenkt; Baldur, der jüngste, geht jetzt auf die feinste Nazi-Schule für die besonders wichtigen und fleißigen NS-Leute. Die Tochter hat Persicke auch verlassen: Sie ist jetzt Aufseherin in einem Frauen-KZ. Persickes Frau ist vor ihrem Mann weggelaufen. So sitzt also der alte betrunkene Persicke mit diesem fremden Klebs in der völlig heruntergekommenen Wohnung.

Klebs versteht sofort, dass es hier noch Geld und viele gute Dinge gibt, jetzt wo es Deutschland nicht mehr so gut geht. Doch Persicke hat noch andere Geheimnisse: Er hat in den Firmen, wo er gearbeitet hat, viel Geld aus den Kassen genommen; doch alles Geld ist weg. Sie unterhalten sich lange, bis Klebs den alten Persicke ins Bett steckt und die Koffer packt. Darin verschwinden auch einige schöne Dinge von Frau Rosenthal.

Barkhausen steht auf einmal in der Tür. „Was tun Sie denn hier?" Klebs will mit ihm verhandeln. Aber Emil ist wieder wütend — wütend und müde. Nach der schlechten Erfahrung mit Kommissar Escherich hat es in der armen Familie viele Schwierigkeiten gegeben. Das Geld in München gehört plötzlich der Gestapo und mit der will Emil nichts mehr zu tun haben. Kuno-Dieter ist verschwunden und dessen Mutter hat Emil angezeigt. Der hat dann elf Monate im Gefängnis gesessen und Otti hat ihn verlassen.

Persicke allein, Barkhausen allein, Klebs dazwischen. Vielleicht schafft es Emil, jetzt endlich an etwas Gutes zu kommen. Er schlägt Klebs, will mit den Koffern weggehen, aber — „So! Damit ist wohl Ihre Zeit in diesem Haus endgültig vorbei. Und die Kinder sehen Sie auch nicht wieder", sagt Doktor Fromm ruhig und zwei Polizisten bringen Barkhausen fort.

Nach dem Lesen

Textverständnis

1 **Verbinde Frage und Antwort.**

1 ☐ Warum ist Barkhausen zur Gestapo gegangen?
2 ☐ Warum wirft Escherich Barkhausen aus dem Büro?
3 ☐ Was beobachtet Barkhausen bei Hete?
4 ☐ Was will Barkhausen von Hete?
5 ☐ Was ist Kuno-Dieters Aufgabe?
6 ☐ Wer ist Anna Schönlein?
7 ☐ Warum gerät Enno in Panik?
8 ☐ Was geschieht bei Herrn Persicke?

a Er soll auf das Tiergeschäft und Enno aufpassen.
b Er will Geld, um Enno nicht anzuzeigen.
c Ein Nazi-Spitzel will Persicke bestehlen, doch er wird zusammen mit Emil verhaftet.
d Er versteht, dass sein Tod nah ist.
e Er will die Persickes wegen Diebstahls denunzieren.
f Er sieht, wie Hete und Enno sich streiten.
g Bei ihr findet Enno für kurze Zeit ein Versteck.
h Er will Emils Gerede über die Persickes nicht mehr hören.

2 **Was ist richtig (R) und was ist falsch (F)?**

		R	F
1	Escherich braucht Emils Hilfe nicht.	☐	☐
2	Emil und Enno sind gute Freunde.	☐	☐
3	Hete versteht, dass Enno nicht in ihre Zukunft gehört.	☐	☐
4	Barkhausen bekommt in Berlin 200 Mark von Hete.	☐	☐
5	Anna hat früher bei Hete gewohnt.	☐	☐
6	Emil und Escherich finden Enno am Schlachtensee.	☐	☐
7	Der Leser weiß nicht, ob Escherich Enno tötet.	☐	☐
8	Barkhausen lebt nicht mehr mit Otti zusammen.	☐	☐

3 Setze die fehlenden Wörter ein. Zwei Wörter passen nicht.

> selbst egal zweitausend faul Geduld zweihundert
> anderen kaputt allein schön Geld Feigling

Ich verstehe nicht, wie ein (1) .... wie Enno den Frauen
so gut gefallen kann. Der hat nie (2) ...., verwettet alles,
wenn er dann einmal etwas Geld hat — und (3) .... ist
er auch noch. Bei den Persickes hat er auch alles (4) ....
gemacht. Jetzt habe ich endlich (5) .... Mark und
irgendwann hole ich mir die (6) .... (7) ....
von der Alten in München ab. Beim Escherich kassiere ich dann auch
noch einmal fünfhundert. Der Kluge ist mir völlig (8) ....,
der soll sehen, wie er sich vor der Gestapo rettet. Wie heißt es doch so
(9) ....: „Jeder ist sich (10) .... der Nächste."
Aha, da ist ja der Junge — auf dich habe ich gewartet —.

Wortschatz

4 Welches Wort passt nicht?

1 krank — Schmerzen — ungesund — neidisch — Arzt
2 Glück — Fleiß — Wette — Spiel — Zufall
3 Messer — Pistole — Schwert — Pfeil — Löffel
4 Fenster — Sessel — Sitz — Stuhl — Sofa
5 wütend — angenehm — ärgerlich — sauer — böse

5 Setze das fehlende Wort ein.

1 Enno hat bei einer .... mit viel Glück etwas Geld gewonnen.
2 Auch deshalb ist Emil auf Enno ....
3 Hete hat jetzt große ...., dass etwas mit Enno passiert.
4 Emil verlangt von Hete noch hundert Mark für die ....
5 Hetes Plan .... Barkhausen gar nicht.
6 Hete will Enno Zeit lassen, sich bei einer Freundin zu ....
7 Es wird Zeit, dass Hete sich um Enno ....
8 Natürlich muss Emil aufpassen, dass Enno nicht irgendwie ....

Grammatik

Infinitiv mit und ohne „zu"

Einige Verben benutzen wir in Verbindung mit einem anderen Verb, das im Infinitiv, also in der Grundform, steht. Der Infinitiv kann mit oder ohne „zu" stehen.

— **Modalverben** stehen mit einem Infinitiv **ohne „zu"**.

*Ich **muss** Enno vor der Gestapo **schützen**.*

— Das **Futur** wird mit dem Verb *werden* und dem Infinitiv **ohne „zu"** gebildet.

*Über das Geld **werden** wir noch einmal **sprechen**.*

— Verben, die eine Meinung, einen Plan, eine Hoffnung, eine Bitte, eine Entscheidung, einen Anfang ausdrücken, sind oft mit einem Infinitiv verbunden, der aber immer **mit „zu"** steht.

*Escherich **hofft**, mit Barkhausens Hilfe Enno Kluge **zu finden**.*

Einige dieser Verben sind: *denken, glauben, meinen, planen, versuchen, vergessen, hoffen, bitten, beschließen, entscheiden, anfangen, beginnen.* Es gibt noch viele mehr.

Bei **trennbaren Verben** befindet sich „zu" zwischen Präfix und Infinitiv des Hauptverbs.

*Escherich hat einen Moment daran gedacht, Kluge fest**zu**halten.*

6 Setze „zu" ein, wo es nötig ist.

1 Enno hatte gehofft, bei Hete länger .... bleiben.

2 Hete glaubt nicht mehr, mit Enno leben .... können.

3 Jeder muss jetzt ein neues Leben .... beginnen.

4 Barkhausen beschließt, schon in Lichterfelde aus dem Zug .... steigen.

5 Er will dann das Geld in München später .... abholen.

6 Anna hat versucht, Enno in einem Schrank .... verstecken.

7 Emil hofft, auch von Escherich bezahlt .... werden.

8 Doch Escherich hat entschieden, dem Spitzel kein Geld .... geben.

7 Korrigiere folgende Sätze, wenn nötig.

1 Escherich glaubt, dass er Enno Kluge nicht mehr zu retten kann.

2 Enno Kluge hat Angst, von der Gestapo misshandelt zu werden.

3 Hat Kluge versucht, Escherich töten?

4 Klebs ist ein Spitzel, der plant, Persicke bestehlen.

5 Barkhausen möchte diesmal selbst Erfolg zu haben.

6 Er schlägt Klebs und beginnt, die Koffer aus der Wohnung zu tragen.

7 Doch Doktor Fromm hat die Polizei zu gerufen.

8 Seine Kinder wird Emil Barkhausen nicht so schnell wiederzusehen.

Sprechen

8 **ZERTIFIKAT B1** Du sollst deinen Zuhörern ein aktuelles Thema präsentieren. Dabei sollst du fünf Anweisungen berücksichtigen. Du sprichst über folgendes Thema.

Immer mehr Menschen schauen sich Filme auf DVD oder im Internet an, statt ins Kino zu gehen.

- Stell das Thema vor. Erkläre den Inhalt und die Struktur deiner Präsentation.
- Berichte von deiner Situation oder einem Erlebnis im Zusammenhang mit dem Thema.
- Berichte von der Situation in deinem Heimatland und gib Beispiele.
- Nenne Vor- und Nachteile und sag dazu deine Meinung. Gib auch Beispiele.
- Beende deine Präsentation und bedanke dich bei den Zuhörern.

Die Lage wird kritisch

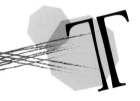
track 07

Trudel hat Ottochen Quangel nicht vergessen, aber das Leben geht weiter. Trudel und Karl Hergesell haben geheiratet und sie erwartet ein Kind. Im fünften Monat schwanger, im bösen Jahr 1942. Das junge Paar wohnt in der Nähe von Berlin, aber manchmal fährt es in die Hauptstadt. Diesmal muss Trudel eine Handarbeit abgeben, Karl kümmert sich um einen gebrauchten Kinderwagen.

Das Geschäft mit dem Kinderwagen läuft nicht gut, aber in der Zeit passiert Trudel etwas Seltsames. Sie geht in das Haus, wo ihre Kundin wohnt, und wen sieht sie vor sich? Ein älterer Herr legt gerade eine Karte ab, er sieht Trudel noch nicht. Doch sie erkennt sofort Otto Quangel. Otto geht zum Ausgang, Trudel nimmt die Karte, liest die ersten Worte, wird blass. Sie läuft Otto hinterher, stellt sich an seine Seite und sagt leise: „Vater, hast du mich nicht erkannt? Ich bin Trudel, die Freundin von unserem Ottochen."

„Du siehst gut aus", sagt Otto auf seine trockene Art. — „Ich habe geheiratet und erwarte ein Kind. Bist du mir böse, Vater?" — „Nein, auch Anna ist bestimmt nicht böse, obwohl sie immer an ihr Ottochen denkt. Aber bei uns alten Leuten ändert sich nichts mehr." — „Doch, bei euch hat sich viel geändert, Vater. Als ich dir von meiner kommunistischen Gruppe erzählte, hast du mich gewarnt. Heute warne ich dich: Ich habe deine Karte in meiner Handtasche. Die Karte kann dich deinen Kopf kosten. Schreibst du so etwas öfter? Und weiß Mutter davon?" — „Du weißt doch, Trudel, ich tue nichts ohne die Mutter."

Jetzt weint Trudel fast. „Du darfst Mutter nicht hineinziehen. Ottochen hätte das nicht gewollt." — „Jeder geht seinen Weg, Trudel. Du deinen, wir unseren. Und jetzt müssen wir uns trennen. Die Karte in deiner Tasche legst du irgendwohin, wie ich es gemacht habe. Und sag deinem Mann nichts davon. Vergiss uns. Du kennst mich nicht, verstanden?" Trudel ist sprachlos, Otto geht.

Trudel legt die Karte ab, geht zu der Kundin, kehrt zurück — die Karte ist weg. Die junge Frau geht erleichtert zum Alexanderplatz. Hier soll sie ihren lieben Karl treffen. Der aber begegnet zufällig Grigoleit und dieses Wiedersehen ist nicht so freundlich. Grigoleit ist immer noch für die kommunistische Gruppe aktiv. Er reist viel, auch jetzt trägt er zwei Koffer und eine Aktentasche. Karl erzählt ihm von Trudel und dem Familienglück, aber Grigoleit ist ernst, interessiert sich für ganz andere Dinge.

„Und was machst du, Hergesell?" — „Ich? Du meinst, wo ich arbeite? Wieder als Elektromechaniker bei einer chemischen Fabrik in Erkner, nicht weit von Berlin." — „Nein, ich meine, was du wirklich tust, Hergesell — für unsere Zukunft." — „Nichts, Grigoleit", antwortet Karl und fühlt sich fast schuldig. Er möchte seinem früheren Mitkämpfer klarmachen, dass er

an das Glück einer Familie, einer guten, anständigen Familie glaubt. „Sieh mal, Grigoleit, wir sind jung verheiratet und leben nur für uns. Was geht uns die Welt draußen an, die mit ihrem Krieg?"

Grigoleit und Karl verstehen sich nicht, sie leben für sehr unterschiedliche Ideale. Doch zum Schluss bittet Grigoleit Karl um einen Gefallen. Einen schweren Koffer soll Karl doch bitte zu sich nach Hause bringen. Grigoleit hat zu viel Gepäck für seine Reise. „Da sind neue Wäsche und meine besten Schuhe und Anzüge drin. Ich möchte den Koffer nicht hier in der Gepäckaufbewahrung lassen. Das ist mir zu riskant." Gutmütig wie er ist, nimmt Karl den Koffer, aber nach Grigoleits Abschied gibt er ihn doch im Gepäcklager des Bahnhofs ab, denn Trudel soll nichts davon wissen. Schade nur, dass sie ihn mit dem Koffer gesehen hat. Doch Karl sagt nichts dazu und Trudel hat auch ihr Geheimnis: Otto Quangel und seine Karte.

Zwei Jahre schreiben die Quangels nun schon Karten und jetzt hat Trudel Otto mit so einer Karte gesehen. Und wenn es jemand anderes gewesen wäre? Otto beginnt unsicher zu werden. Er versteht die Szene mit Trudel als Warnung — vielleicht ist es nicht die einzige. Otto erzählt Anna davon und die möchte sofort nur noch selbst Karten auslegen. Davon will ihr Mann nichts wissen. „Ich werde vor Angst sterben, jetzt, wo ich dich so in Gefahr sehe", beklagt sich Anna. —„Die Gefahr ist nicht größer als früher. Oder möchtest du, dass wir ganz damit aufhören?" — „Nein!", ruft Anna laut. „Das ist ja unser Leben, diese Karten!" Dann denken sie an ein Leben nach den Nazis.

Otto denkt aber auch an ein frühes Ende, ein schreckliches Ende, an Gefängnis und Fallbeil. „Wenn sie uns fangen, werden wir bestimmt nicht im selben Gefängnis sitzen. Wir können dann

nie mehr miteinander sprechen. Wir werden voneinander wissen, dass keiner schwach wird, dass wir uns aufeinander verlassen können, wie im ganzen Leben, so auch im Tode. Wir werden auch allein sterben müssen, Anna."

An einem Sonntagmorgen sagt Anna zu Otto, dass sie ihren Bruder Ulrich besuchen will. Freitag hatte er Geburtstag und Anna hat einen Kuchen gebacken. Sie möchte aber nicht allein fahren. Otto schreibt gerade eine Karte, zu einem so langweiligen Besuch hat er gar keine Lust. Doch Anna kann ihn überzeugen und so gehen sie mit zwei Karten aus dem Haus.

Otto will noch unbedingt eine Karte ablegen. Das richtige Haus ist gefunden, Otto geht hinein. Zehn Minuten, und dann sieht Anna ihn endlich aus dem Haus kommen, neben ihm ein eleganter Herr mit einer Aktentasche. Sie gehen an Anna vorbei, ohne ein Wort zu sagen. „Was ist denn jetzt passiert?" Anna ist zu Tode erschrocken, dann hat sie einen brillanten Einfall.

„Herr Berndt!", sagt sie laut zu Otto und gibt ihm die Hand. „Gut, dass ich Sie treffe. Bei uns steht die Wohnung unter Wasser. Wir brauchen Ihre Hilfe!" Otto reagiert schnell: „Ich komme gleich zu Ihnen. Ich will nur den Herrn Doktor zu meiner Frau bringen." Der Herr sagt, dass er allein gehen kann. Otto soll bald nachkommen. Und so verschwindet der Herr und Otto ist frei.

Was ist geschehen? Im Haus hat der Herr Otto gesehen, der aber noch nicht die Karte abgelegt hatte. „Was tun Sie in diesem Haus?" Otto hatte an der Haustür den Namen eines Arztes gelesen. „Ich suche Herrn Doktor Boll. Meine Frau ist krank." — „Das bin ich. Wohin gehen wir also?" — „In die Von-Einem-Straße 17."

„Da wird er noch lange suchen", erzählt später Otto seiner Frau. „Und wir sitzen dann bei deinem Bruder." Das ist die zweite Warnung und die dritte lässt nicht lange auf sich warten.

Die Lage wird kritisch

Nach dem Nachmittag bei Ulrich Heffke und seiner grauen Frau versucht es Otto noch einmal. Ulrich hat Kirchenlieder gesungen, es war fast ein religiöses Fest, aber zum Abendessen wollten die Quangels nicht bleiben. Auf dem Heimweg lässt sich Otto also wieder eine Karte geben. Hinein in ein Haus und diesmal sehr schnell wieder heraus. Da schreit ein Mann hinter Otto her: „Sie! Sie! Sie haben da eben diese Karte bei mir auf den Flur gelegt! Ich habe Sie genau gesehen! Polizei! Hallo!"

Jetzt ist die Lage wirklich kritisch. Otto denkt schnell an die vielen Zeichen: In der Fabrik stellen sie nur noch Särge her, viele böse neue Gesichter unter den Arbeitern. Dann das Zusammentreffen mit Trude, der Trick mit Doktor Boll, die Kirchenlieder des gläubigen Ulrich — und hier am Nollendorfplatz vielleicht das Ende.

Bei der Polizei sind Anna und Otto sehr ruhig. Natürlich lügt Otto. Er kennt die Karte nicht, wollte nur jemanden in dem Haus von dem Schreier besuchen. Der Schreier, Oberpostsekretär Millek, ist dagegen der Polizei sehr gut bekannt. Denn Millek hat nicht viel zu tun im Leben, spioniert alle aus und erstattet mindestens zwei Anzeigen pro Woche. Alles Kleinigkeiten, die die Polizei nicht interessieren. Die Karte ist zwar schlimm, aber auf den Millek kann man sich nicht verlassen: Der sieht überall Gespenster.

Natürlich hört man, was Anna und Otto zu sagen haben. Anna war so schnell und hat die zweite Karte in einen Briefkasten geworfen. Aus Vorsicht telefoniert man dann noch bei der Gestapo. „Ich rufe wegen der Postkartengeschichte an. Wir haben hier jemanden, der damit vielleicht zu tun hat." — „Was ist der Mann von Beruf?" — „Tischler in einer Möbelfabrik." — „Das ist der Falsche. Der Richtige arbeitet bei der Straßenbahn! Lassen Sie den Mann gehen."

So ist Otto wieder frei. Der Zufall bringt manchmal Glück, manchmal Pech. Doch drei Warnungen sind wirklich viel.

Nach dem Lesen

Textverständnis

1 **Was ist richtig?**

1 Trudel und Karl
  - a ☐ wohnen in der Hauptstadt.
  - b ☐ fahren manchmal nach Berlin.
  - c ☐ leben mit ihrem Kind bei Berlin.

2 Karl hofft,
  - a ☐ einen Kinderwagen zu verkaufen.
  - b ☐ einen Kinderwagen zu finden.
  - c ☐ einen Kinderwagen zu bauen.

3 Vater Otto ist
  - a ☐ Trudel ziemlich böse.
  - b ☐ Trudel kaum böse.
  - c ☐ Trudel überhaupt nicht böse.

4 Vater Otto möchte,
  - a ☐ dass Trudel ihm verzeiht.
  - b ☐ dass Trudel ihn vergisst.
  - c ☐ dass Trudel ihn versteht.

5 Trudel wird
  - a ☐ eine Karte ablegen.
  - b ☐ eine Karte schreiben.
  - c ☐ eine Karte verstecken.

6 Eine Stimme am Telefon sagt,
  - a ☐ dass Otto ein Verräter ist.
  - b ☐ dass Otto nicht der gesuchte Mann ist.
  - c ☐ dass Otto bei der Straßenbahn arbeiten soll.

2 **Wer denkt oder sagt das?**

	Karl	Grigoleit	Trudel
1 Hoffentlich steht er schon am Alexanderplatz.	☐	☐	☐
2 Hoffentlich kommt sie bald.	☐	☐	☐
3 Hoffentlich werde ich bald den Koffer los.	☐	☐	☐
4 Der hat nie an unsere Ideale geglaubt.	☐	☐	☐
5 Versteh uns doch, wir haben ein Leben vor uns.	☐	☐	☐
6 So schwer, und nur Klamotten?	☐	☐	☐
7 Was tut er denn da mit diesem Koffer?	☐	☐	☐
8 Ich habe keinen Kinderwagen, aber meinen Schatz.	☐	☐	☐

3 **Verbinde.**

1 ☐ Schlimm, wenn
2 ☐ Anna möchte
3 ☐ Otto und seine Frau würden
4 ☐ Seinen Schwager besuchen
5 ☐ Otto wird
6 ☐ Wir sitzen
7 ☐ Millek kann
8 ☐ Otto arbeitet wirklich

a dann bei Ulrich und seiner Frau.
b möchte Otto diesmal überhaupt nicht.
c auf keinen Fall aufhören.
d man keinen Glauben schenken.
e es nicht Trudel gewesen wäre.
f von einem eleganten Herrn begleitet.
g nicht bei der Straßenbahn.
h bestimmt nicht in derselben Zelle sitzen.

Wortschatz

4 Setze das passende Verb ein und konjugiere es.

1 Otto soll Anna nicht auch in diese Geschichte ....
(*hineinlegen / hineinziehen / hineinbringen*)

2 Wir von der Zelle .... an ganz andere Dinge.
(*denken / hoffen / verstehen*)

3 Bitte .... Sie den Koffer mit nach Hause.
(*holen / fahren / nehmen*)

4 Ich .... ihn doch lieber im Gepäcklager ab.
(*legen / stellen / geben*)

5 Anna .... ihren Mann in Gefahr.
(*sehen / denken / finden*)

6 Man .... religiöse Lieder nicht nur in der Kirche.
(*sinken / klingen / singen*)

7 Am Nollendorfplatz .... vielleicht das Ende.
(*finden / drohen / stehen*)

8 Otto wird am Ende wieder ....
(*befreit / befriedigt / befristet*)

Grammatik

5 Setze die Adjektive und Adverbien im Komparativ ein.

1 Ich kann nicht noch .... warten. (*lang*)

2 Seine Aktentasche ist .... als meine. (*schwer*)

3 Nach jeder Karte fühlt sich Otto .... als vorher. (*frei*)

4 .... als so kann die Lage nicht werden. (*kritisch*)

5 Millek sieht immer .... Gespenster. (*oft*)

6 Wir müssen .... an dem Fall arbeiten. (*schnell*)

7 Sie waren dem Klabautermann nie .... als jetzt. (*nah*)

8 In den nächsten Kapiteln erfahren wir bestimmt ....
(*viel*)

Leseverständnis

6 **ZERTIFIKAT B1** Lies den Text und die Aufgaben 1 bis 6 dazu. Entscheide: Sind die Aussagen richtig (R) oder falsch (F)?

Ulis Blog

Hallo Freunde,

da bin ich wieder. Tut mir leid, dass ich ein paar Tage aussetzen musste. Meiner Mutter ging es nicht sehr gut und ich bin übers Wochenende bei meinen Eltern geblieben. An Computer war da gar nicht zu denken. Stattdessen haben wir uns am Samstagabend einen alten Film angesehen, den meine Eltern sehr lieben: *Jeder stirbt für sich allein*. Ich höre schon: „Der ist doch vor wenigen Jahren gedreht worden." Nein, ich meine nicht den Film mit der tollen Emma Thompson. Den muss ich noch sehen. 1976 ist in Deutschland zu Falladas Roman schon einmal ein Film gedreht worden. Da spielte eine der bekanntesten deutschen Schauspielerinnen die Hauptrolle: Hildegrad Knef. Sie war auch eine gute Sängerin. Wegen ihrer Stimme und ihrer Art erinnert sie mich etwas an eine andere große Dame des deutschen Kinos: Marlene Dietrich!

Der Film zeigt einige wichtige Unterschiede zum Buch. Vor allem der Prozess verläuft anders, aber ich möchte euch nicht zu viel verraten.

Der Abend war bestimmt nicht sehr lustig, aber meiner Mutter geht es doch wieder besser. Am Sonntagnachmittag sind wir sogar vom Brandenburger Tor aus Unter den Linden entlang spazieren gegangen.

So, das war's für heute. Morgen werde ich bestimmt wieder etwas Neues erleben und davon berichten.

Besten Gruß

Euer Uli

Beispiel

R F

0 Uli hat gestern das letzte Mal geschrieben.

1 Ulis Mutter hatte gesundheitliche Probleme.

2 Uli hat am Wochenende oft am Computer gesessen.

3 An einem Abend haben Uli und seine Eltern einen amerikanischen Film gesehen.

4 Marlene Dietrich war eine deutsche Schauspielerin.

5 Film und Buch unterscheiden sich kaum.

6 Am Sonntag ist Uli mit seinen Eltern am Strand spazieren gegangen.

BERLINER GEDENKTAFEL

Hier stand das Haus, in dem

OTTO HAMPEL
21.6.1897–8.4.1943
und

ELISE HAMPEL
27.10.1903–8.4.1943

von 1934 bis zu ihrer Verhaftung lebten.
Das Arbeiterehepaar wurde am 8. April 1943 in Berlin-
Plötzensee hingerichtet.
Ihre Auflehnung gegen die Menschenverachtung
des NS-Regimes
war das Vorbild für Hans Falladas Roman
Jeder stirbt für sich allein.

Otto und Elise Hampel – Gedenktafel in Berlin.

Roman und Wahrheit

Hans Fallada hat in seinem Roman eine wahre Geschichte beschrieben. Man kann aber einige nicht immer unwichtige Unterschiede zwischen dem Buch und der wahren Geschichte um das Ehepaar Hampel feststellen. Natürlich wollte Fallada keine Biografie schreiben. Eigentlich wollte er den Roman – gar nicht schreiben!

Ende 1945 trifft sich Fallada mit seinem späteren Verleger Johannes R. Becher. Sofort nach dem Zweiten Weltkrieg versucht man, die deutsche Katastrophe auch in der Literatur zu verarbeiten, also zu erklären und zu verstehen: Die Fehler der Deutschen dürfen nicht in Vergessenheit geraten. Aber man will auch zeigen, dass es mutige Menschen gab, als Hoffnung für die Zukunft.

Becher möchte, dass Fallada einen Roman über ein Ehepaar schreibt, das 1943 in Berlin hingerichtet wird, weil es jahrelang Karten und Bögen mit nazifeindlichen Parolen verteilt hat. Dazu gibt es eine sehr detaillierte Akte der Geheimen Staatspolizei (Gestapo). Otto Hampel wurde 1897 geboren. 1928 trat er in eine rechtsextreme Gruppe ein, 1933 wurde er Mitglied der Deutschen Arbeitsfront, einer Organisation der Nazis. Schon 1923 beginnt er seine Arbeit in einem Kabelwerk in Berlin. Er verliert seine erste Frau um 1935, heiratet 1937 Elise Lemme und lebt mit ihr bis zur Verhaftung in Berlin, Amsterdamer Straße 10.

Das Ehepaar Quangel in Falladas Roman lebt in der Jablonskistraße 55 im Prenzlauer Berg, einem Stadtteil, der nach 1945 zum sowjetischen Sektor Berlins gehörte. Die Amsterdamer Straße liegt im Wedding, im späteren West-Berlin. Prenzlauer Berg und Wedding sind allerdings beide typische Arbeiterbezirke. Und beide Ehepaare sind einfache Arbeiter.

Elise Lemme wurde 1903 geboren. Wie Anna Quangel gehörte sie längere Zeit der NS-Frauenschaft an, trat aber 1940 aus. Sie hat vor ihrer Heirat als Hausmädchen bei verschiedenen Familien gearbeitet. Der jüngste Bruder Kurt fällt am 6. Juni 1940 als 26-jähriger an der Westfront in Frankreich.

Das Ehepaar Hampel blieb kinderlos. So ist also die Geschichte um „Ottochen" von Fallada erfunden, allerdings wirkt die Widerstandszelle um Trudel durchaus realistisch. Tatsächlich hat es eine kleine kommunistisch inspirierte Gruppe gegeben, die gegen die Hitlerdiktatur agierte: zwei oder drei junge Männer und eine junge Frau. Ein guter Freund von Fallada wurde hingerichtet, nachdem man bei ihm eine Art Druckmaschine gefunden hatte. Damit waren Schriften gegen die Nazis vervielfältigt worden.

Natürlich hat es auch einen Kommissar Escherich gegeben. Er hieß allerdings in Wirklichkeit Püschel, der aber nicht Selbstmord beging. Er führte ein präzises Verzeichnis mit Seriennummer, Tag, Uhrzeit, Ort der Auffindung und der Art der aufgefundenen Schriften: Karte oder Bogen. Vom 2. September 1940 bis zum 27. September 1942 registrierte man 234 Stück.

Tatsächlich verlor Otto eine Karte aus einer kaputten Tasche in seiner Fabrik, aber schon im Juli 1942. Erst am 20. Oktober 1942 wurden Otto in der Fabrik und Elise in der Wohnung verhaftet. Es kam wirklich zu einer Hausdurchsuchung und dabei entdeckte die Gestapo eine angefangene Karte.

Otto Hampel schrieb neben kurzen Postkarten auch längere Texte auf sogenannten Kanzleibögen. Sein Deutsch war nicht perfekt, er produzierte manchmal lange Sätze, in denen Wörter fehlten. Aber die Absicht war klar: Die Leser sollten über den Krieg und über die Nazi-Diktatur nachdenken und dagegen handeln. Übrigens nannte Otto Hampel seine Aktion „Freie Presse!".

Es ist schwer zu verstehen, aber das Ende der Geschichte ist in der Wirklichkeit noch tragischer und furchtbarer als in Falladas Roman. Es gab das Todeshaus von Plötzensee, wo von April 1942 bis September 1943 fast 1200 Personen hingerichtet wurden. Für das Ehepaar Hampel kam das Todesurteil völlig überraschend. Wie Manfred Kuhnke in seinem Dokument *Falladas letzter Roman – Die wahre Geschichte* berichtet, sprach Otto während der ersten Vernehmungen bei der Polizei von seiner Schuld, bei der seine Frau kaum eine Rolle gespielt habe. Am Schluss sagte er sogar „... meine Strafe wird mir bestimmt eine Warnung fürs ganze Leben sein."

Alles ändert sich aber mit dem Todesurteil am 22. Januar 1943. Begründung ist die Vorbereitung zum Hochverrat. Beide Verteidiger arbeiten bis zur Urteilsverkündung, haben vorher eine milde Bestrafung beantragt und stellen Gnadengesuche aus. In den Bitten der Verurteilten wird deutlich, wie das Urteil sie die Menschenwürde verlieren lässt. Otto und Elise beschuldigen sich gegenseitig, sie unterstreichen, dass sie sich doch wieder als Nationalsozialisten sehen. Der Vater von Elise schreibt an Hitler: Man möchte 300 Reichsmark für den „Führer des Deutschen Volkes" zur Verfügung stellen.

Am 8. April 1943 wird Otto Hampel hingerichtet, zwei Minuten später Elise. Im Buch trennt der Tod das Ehepaar nach dreißig Jahren, in der Realität nach fünf. Es ist sehr wahrscheinlich, dass Fallada den letzten Band des Gestapo-Protokolls nie gesehen hat. Dort sind die Gnadengesuche gesammelt. Fallada hätte vielleicht Otto und Anna anders beschrieben. Denn der letzte Satz in Elisa Hampels Gnadengesuch lautet: „Meine Ehe war fast nur Leid."

Textverständnis

1 Was ist richtig (R) und was ist falsch (F)?

		R	F
1	Nach dem Weltkrieg wollte Deutschland seine Vergangenheit schnell vergessen.	☐	☐
2	Fallada ist nicht sofort von dem Romanprojekt überzeugt.	☐	☐
3	Das Ehepaar Hampel hat in Berlin gelebt.	☐	☐
4	Otto und Elise Hampel sind reiche Menschen.	☐	☐
5	Kurt ist ein Bruder von Elise Hampel.	☐	☐
6	Püschel nimmt sich wie Escherich das Leben.	☐	☐
7	Das Ehepaar Hampel weiß sofort, dass es sterben wird.	☐	☐
8	Elises Vater verehrt Hitler.	☐	☐

Auf dem Land

**E**s sind schon ein paar Jahre vergangen, seitdem
Eva Kluge ihren Mann endgültig aus der Wohnung
geworfen hat. Enno hatte alles mit ihr versucht, sie
am Ende sogar tief verletzt: „Dein Lieblingssohn, der
Karlemann, der ist jetzt bei der SS in Polen. Man hat mir Fotos
von ihm gezeigt und man sieht, wie brutal er seine Arbeit macht!"
Die Beschreibung hatte damals Eva die Mutterliebe für ihren
Karlemann genommen. Max war dagegen Soldat, sie wusste nur,
dass er nach Russland musste.

Kurz nach der letzten furchtbaren Begegnung mit Enno hatte
Eva einen schönen Gedanken: Sie wollte für ein paar Wochen aufs
Land, weg aus Berlin, zu ihrer Schwester. Einfach ein bisschen
verschwinden. Eva hatte ein paar Tage vorher entschieden,
aus der Partei auszutreten. Sie war also zum zuständigen Amt
gegangen und hatte diesen wichtigen Schritt erklärt. Aber die

Partei ließ einen nicht so einfach gehen, und Eva hatte oft Besuch von Leuten bekommen, die sie nicht gerade freundlich ausgefragt hatten.

Alles musste Eva sagen, auf die tausend Fragen eine Antwort haben. Die Parteileute wussten von Ennos Leben, von seiner Faulheit, von ihren Söhnen. Aber auf eine Frage kam nie eine Antwort: „Warum wollen Sie aus der Partei austreten?" Alle Drohungen halfen nichts, die Gefahr, die Arbeit an der Post zu verlieren, als „politisch unzuverlässig" zu gelten, ins KZ zu kommen — das alles war der mutigen Eva Kluge egal. Dann die rettende Idee: Ein neues Leben, vielleicht, es jedenfalls versuchen, ganz allein mit sich, endlich Zeit für sich selbst.

Nach einiger Zeit bekommt Eva Besuch von Kommissar Escherich, als der ihren Mann sucht. Aber der Kommissar hat schnell verstanden, dass Eva schon lange nichts mehr von Enno weiß. Selbst wenn sie gewollt hätte, hätte sie nichts sagen können, und Kommissar Escherich war so menschlich geblieben, sie auch wirklich in Ruhe zu lassen. Einige Wochen später erreicht Eva die Nachricht von Ennos Tod. Sie macht sich keine Vorwürfe mehr. Enno war nicht zu retten gewesen.

Die Zeit heilt langsam Evas Wunden. Und als es ihr besser geht, ist sie sogar so mutig, wieder nach Berlin zu fahren. Die Parteileute hatten ihr vor ihrem „Urlaub" gesagt, sie sollte noch zur Verfügung stehen, aber dann ist sie ja einfach weggefahren. Jetzt ist es Zeit, sich wieder zu melden, sowohl beim Parteigericht als auch beim Postamt. Das gibt natürlich sehr großen Ärger. Man verhört sie nicht nur mit Gewalt, man wirft sie auch ins Gefängnis. Fünf Tage Haft können in dieser Zeit wirklich schlimm sein. Aber Eva ist stark, so stark, dass man sie doch freilässt. Staatsfeindin, aber unwichtig: Eva hat sehr großes Glück.

Bald verlässt Eva ihre Wohnung in Berlin. Sie muss vieles verkaufen, denn in ihrem Zimmer auf dem Land hat sie sehr wenig Platz. Hier arbeitet sie viel und sie arbeitet gern. Sie arbeitet nicht nur für die Familie ihrer Schwester, sie arbeitet nicht nur auf dem Feld und auf dem Hof. Sie ist auch Krankenpflegerin, Näherin, Gärtnerin, sie kümmert sich um die Tiere — und alles gelingt ihr sehr gut. Die Landarbeit steckt ihr im Blut.

Eines Tages lernt Eva den Lehrer Kienschäper kennen. Ende Fünfzig, aber mit jungen blauen Augen. Ein guter Mann, der mit viel Geduld und Engelsruhe nicht nur seine Schüler erzieht, sondern auch böse Menschen im Dorf zu behandeln weiß. Eva fühlt etwas wie Liebe zu Kienschäper und irgendwann lebt sie nicht mehr für sich allein.

Keine Kinder mehr, auf keinen Fall, aber Kameradschaft, verstehende Liebe und vor allem Vertrauen — das sucht sie und das will sie in dem guten Kienschäper finden. Es war ganz dunkel gewesen und plötzlich tritt noch einmal die Sonne durch die Wolken.

Heute ist ein schöner Sommertag. Eva arbeitet auf dem Kartoffelacker. Ihr ist warm und die Arbeit ist anstrengend. Doch sie macht sie mit Freude, sie ist frei und glücklich auf dem Land. Eigentlich könnte sie jetzt frühstücken. Im Schatten, am Rand eines Waldes liegen Brote und eine Flasche Kaffee. Eva schaut zu ihrem Frühstück hin, aber da sitzt ein Junge, vielleicht vierzehn Jahre alt. Der isst, als ob er seit Tagen nichts gegessen hätte. Er ist so aufs Essen konzentriert, dass er die Frau erst sieht, als sie direkt vor ihm steht. Sie sieht einen Jungen, der seit Wochen keine Seife kennt, die Kleider sind zerrissen, groß schauen die blauen Augen unter seinen dreckigen blonden Haaren hervor.

Eigentlich ist man auf dem Land an diese Szenen gewöhnt. Aber dann passieren sie einem selbst ... Immer öfter fliegen Bomber über Berlin und die Regierung hat befohlen, die Kinder aufs Land zu schicken. So etwas wird Evakuierung genannt, und in ganz Deutschland gibt es in diesen Jahren viel mehr Kinder auf dem Land als in den großen Städten, wie eben Berlin, aber auch München, Köln, Hamburg, Dresden ...

Viele Kinder und Jugendliche wollen nicht auf dem Land bleiben. Sie gehen wieder zurück in die Hauptstadt, zu Fuß, verhungert, ohne Geld — Berlin ist ihre Heimat. Dann fängt man diese jungen Menschen wieder, Deutschlands Zukunft, und bringt sie wieder aufs Land. Beim nächsten Mal sind sie wieder weg.

Evas Junge ist schon lange unterwegs. „Schmeckt es?" — „Klar!" Typisch Berlin. „Dann iss nur weiter. Später lass ich dich laufen. Aber wenn du willst, wasch ich dich vorher und bring deine Kleider in Ordnung. Eine Hose ohne Löcher find ich auch für dich." — „Das nicht! Die verkauf ich schnell, wenn ich wieder essen will." Ein Jahr ist der Junge schon unterwegs. Zwischendurch hat er in einem Lokal gearbeitet, aber das war auch nicht das Richtige. Zurück nach Berlin will er nicht.

„Was ist denn dein Vater?" — „Ein Spitzel und ein Dieb. Aber er ist vielleicht dumm, jedenfalls hat er Pech. Nie findet er etwas Gutes." — „Und deine Mutter?" Da wird der Junge böse, er spricht sehr schlecht von ihr und das tut Eva Kluge sehr weh. „Fünf Geschwister sind wir, alle mit einem anderen Vater. Ich habe den Namen meines Vaters: Kuno-Dieter; aber du sag nur Kuno zu mir."

Kuno ist nicht offiziell „evakuiert", er ist einfach weggelaufen. Von seinen Eltern will er nichts mehr wissen. Außerdem hat er ja mit anderen Jungen seinen Vater geschlagen und sogar sein Geld genommen. Die anderen haben dann gesagt: „Verschwinde, dein

Vater schlägt dich tot." So ist Kuno aufs Land gekommen, so hat er Eva kennengelernt.

„Was machst du in ein paar Jahren, Kuno? Gehst du in die Partei, wirst du ein SS-Mann?" Eva denkt an ihre Söhne, an den Karlemann vor allem: ohne Liebe, ohne Glauben, ohne Ideale. „Nein, ich will nicht kommandieren. Ich will mit Autos arbeiten. Wie funktioniert ein Motor?" Bis jetzt hat Kuno Berliner Dialekt gesprochen, plötzlich kann er perfekt Deutsch.

Eva will ihm helfen. Sie würde sich freuen, aus dem Jungen einen anständigen Menschen zu machen. Aber sie will Kuno nicht zwingen. So fragt sie ihn direkt: „Hast du Lust, neu anzufangen, etwas anderes zu werden, als du jetzt bist?" — „Lust schon, aber irgendwann schickst du mich fort — und ich lasse mich nicht gern fortschicken." — „Du kannst gehen, wann du willst. Ich werde dich nie festhalten."

Beim Abendessen sind sie zu dritt: Eva, Kienschäper und Kuno, der Verwandelte. Als Kuno noch durch das Dorf spazieren geht, unterhalten sich die zwei frisch Verliebten. Eva hat Zweifel, doch Kienschäper — wie immer gut, lieb, optimistisch — tröstet sie: „Jetzt gibt der Junge noch an, aber er sieht seine Chance. Ein guter Kern ist in ihm. Er wird kein Parteimann. Er ist vielleicht ein seltsamer Junge, aber ich glaube an ihn." Eva vertraut ihrem Kienschäper und sie will auch Kuno vertrauen. Sie rettet ihn vielleicht, weil sie ihren Sohn Karlemann nicht retten konnte.

Nach dem Lesen

Textverständnis

1 Was ist richtig (R) und was ist falsch (F)?

		R	F
1	Enno hat seiner Frau berichtet, dass ihre Söhne gefallen sind.	☐	☐
2	Eva möchte Berlin verlassen.	☐	☐
3	Eva würde gern noch in der Partei bleiben.	☐	☐
4	Eva hat mit Enno Kontakt bis zu seinem Tod.	☐	☐
5	Auf dem Land fühlt sich Eva langsam besser.	☐	☐
6	Eva muss fünf Wochen lang in ein Lager.	☐	☐
7	Auf dem Land ist Eva nicht besonders fleißig.	☐	☐
8	Eva verliebt sich in einen Lehrer.	☐	☐

2 Verbinde Frage und Antwort.

1 ☐ Warum sind Eva die Drohungen der Partei egal?

2 ☐ Warum muss Eva viele Dinge verkaufen?

3 ☐ Was sucht Eva in dem Lehrer Kienschäper?

4 ☐ Warum lässt Eva den Jungen ihr Frühstück essen?

5 ☐ Warum bleiben im Zweiten Weltkrieg ganz junge Menschen nicht gern auf dem Land?

6 ☐ Welche Pläne hat der Junge?

7 ☐ Warum geht der Junge nicht mehr nach Berlin?

a Ihn erwarten böse Erinnerungen und ein Vater, der ihn schlagen wird.

b Sie hat Mitleid mit dem schmutzigen und hungrigen Jungen.

c Er möchte als Mechaniker arbeiten.

d Sie zieht in ein Zimmer, das kleiner ist als die Wohnung in Berlin.

e Sie braucht Zuneigung, Verständnis, Vertrauen.

f Sie möchte ein neues Leben beginnen und Zeit für sich selbst haben.

g Viele Kinder und Jugendliche leiden an Heimweh und kehren nach Berlin zurück.

3 Setze das richtige Wort in den Text ein. Zwei Wörter passen nicht.

> enttäuschen   Jugend   lang   Zeiten   Menschen   vergessen
> Frau   vielleicht   fleißig   Arbeit   hart   Träume

Ich möchte versuchen, aus mir einen besseren (**1**) .... zu machen. Ich bin noch sehr jung und Emil Barkhausen hat mir meine (**2**) .... genommen. Vielleicht kann mir die (**3**) .... helfen. Sie hat bestimmt auch gelitten in diesen schlimmen (**4**) .... Sie arbeitet (**5**) .... , sie gibt mir zu essen, sie pflegt mich, vielleicht ist sie die Mutter, die ich nie gehabt habe. Aber sie kann mir auch sehr weh tun, mich für immer verletzen, wenn sie mich nicht mehr will. Der Mann ist ein ruhiger Typ. Hoffentlich kann er mich auch gern haben. Nach Berlin gehe ich jetzt jedenfalls nicht mehr zurück. Hier kann ich arbeiten, auch wenn es (**6**) .... ist. Ich kann (**7**) .... Ich kann vielleicht meine (**8**) .... verwirklichen. Ich darf die Frau und ihren Mann nicht (**9**) .... , dann enttäuschen sie mich (**10**) .... auch nicht.

Wortschatz

4 Welches Wort passt nicht?

1   Enttäuschung — verletzt — schade — Hoffnung — Schmerz
2   retten — beschützen — angreifen — Sorge — Zuneigung
3   Hof — Verkehr — Land — Feld — Bauer
4   Gemütlichkeit — Gefahr — Gewalt — Gestapo — Gefängnis
5   schmecken — essen — lecker — hungrig — traurig

5 Verbinde Verb und Adverb.

1	☐ arbeiten	a	lecker
2	☐ frühstücken	b	mutig
3	☐ verstehen	c	voll
4	☐ vertrauen	d	fleißig
5	☐ erziehen	e	deutlich
6	☐ sprechen	f	laut
7	☐ lachen	g	geduldig
8	☐ reagieren	h	gut

6 Wähle das passende Wort.

1 Kurz nach der letzten furchtbaren Begegnung mit Enno hatte Eva einen *schlimmen / tröstenden / starken* Gedanken.

2 Nach einiger Zeit bekommt Eva Besuch von dem *gewissen / lustigen / strengen* Kommissar Escherich.

3 In ihrem Zimmer auf dem Land kann Eva nicht alles *unterbringen / mitbringen / wegbringen*.

4 Die Arbeit ist zwar anstrengend, aber Eva ist *herrlich / glücklich / friedlich*.

5 *Vielleicht / Leider / Hoffentlich* möchte Kuno Mechaniker werden.

6 Kuno hat sich *behandelt / verwaltet / verwandelt*.

7 Eva konnte Enno und ihrem Sohn Karlemann nicht *retten / helfen / schützen*.

8 Das ist eine *Pause / Sorge / Frage* auf dem Land.

Grammatik

Konjunktiv II

*Selbst wenn sie **gewollt hätte**, hätte sie nichts **sagen können**.*

Der Konjunktiv I wird für die indirekte Rede benutzt, der Konjunktiv II ist viel häufiger: Ihn brauchen wir für zurzeit **irreale**, also **unmögliche Gedanken, Hoffnungen, Bitten**. Auch als **Höflichkeitsform** wird der Konjunktiv II oft benutzt.

***Wäre** ich doch ein freier Mensch!*

***Könnte** ich etwas Kaffee haben?*

Der Konjunktiv II von **haben** wird so gebildet:

ich hätt-e; du hätt-est; er/sie/es hätt-e; wir hätt-en; ihr hätt-et; sie/Sie hätt-en

Das Verb **sein** wird so konjugiert:

ich wär-e; du wär-est; er/sie/es wär-e; wir wär-en; ihr wär-et; sie/Sie wär-en

Bei regelmäßigen Verben sind Konjunktiv II und Präteritum gleich.

Bei unregelmäßigen Verben (auch bei den Modalverben) bekommen *a, o, u* im Verbstamm des Präteritums den Umlaut. Ausnahmen sind *sollen* und *wollen*.

ich gäb-e; du gäb-est; er/sie/es gäb-e; wir gäb-en; ihr gäb-et; sie/Sie gäb-en

Außer bei den Modalverben und bei *haben, sein, werden* benutzt man in der gesprochenen Sprache meistens **würd-** und die **Infinitivform** des Vollverbs am Ende des Satzes:

ich würd-e; du würd-est; er/sie/es würd-e; wir würd-en; ihr würd-et; sie/Sie würd-en

Ich **würde** jetzt am liebsten **schlafen.**

Die Vergangenheitsform des Konjunktivs II bildet man mit dem Konjunktiv II des Hilfsverbs und dem Partizip II des Vollverbs. Das Modalverb bleibt im Infinitiv, wenn es mit einem zweiten Infinitiv verbunden ist.

Er **hätte** lieber ein Eis **gegessen.**

Er **hätte** lieber ein Eis **essen wollen.**

Aber: Sie **hätte** auch gern ein Eis **gewollt.**

7 Setze den Konjunktiv II ein. Benutze immer die Form mit *würd-* und Infinitiv, außer bei *haben, sein* und den Modalverben.

1 .... Sie uns ...., warum Sie aus der Partei austreten wollen? (*erklären*)

2 .... ich nur schon auf dem Land! (*sein*)

3 Ich .... gern auf dem Hof .... (*helfen*)

4 .... du etwas zu essen für mich? (*haben*)

5 Ihr .... am liebsten hier .... (*bleiben*)

6 Er .... vielleicht ein anständiger Mensch werden. (*können*)

7 Du .... dir um den Jungen keine Sorgen machen. (*sollen*)

8 Wir .... wenigstens Kuno zu retten .... (*versuchen*)

8 Bilde irreale Sätze. Beachte das Beispiel.

0 Ich habe Zeit. Ich lerne bei Herrn Kienschäper Lesen und Schreiben.
   Wenn ich Zeit hätte, würde ich bei Herrn Kienschäper Lesen und
   Schreiben lernen.
1 Ich arbeite auf dem Land. Ich fühle mich viel freier.
2 Ich wohne hier. Mein Vater findet mich nicht.
3 Er ist immer gut und lieb. Er kann mich trösten.
4 Er ist böse. Ich kann ihm nicht vertrauen.

Kultur und Landeskunde

Kinder aufs Land

Als 1940 die Luftangriffe auf Deutschland begannen, beschlossen die
Nazis, ein besonderes Programm für Kinder zu organisieren. Es handelte
sich um die sogenannte Kinderlandverschickung, kurz KLV. Kleinkinder,
aber auch ganze Schulklassen wurden aus den angegriffenen Städten
aufs Land gebracht.

Das Programm scheint von Adolf Hitler persönlich veranlasst worden zu
sein. Bis 1945 wurden so zwei Millionen Kinder aus gefährdeten Städten
wie Berlin, Hamburg oder Köln in besondere Institutionen in Gebieten

gebracht, wo das Risiko
eines Luftangriffs viel
geringer war. Eine Million
Kinder wurde in KLV-Lagern
versorgt. Die Naziorganisation
„Hitlerjugend", aber auch
parteinahe Lehrer kümmerten
sich um das Leben der
Kinder, die nur die Bücher
lesen durften, die sie vom
Lagerpersonal bekamen.
Die Eltern durften ihren
Kindern keine Bücher senden.

Die Berichte über die Erfahrungen in dieser Zeit der Evakuierung sind sehr unterschiedlich. Für viele Kinder war es eine schöne Zeit des Spiels und Zusammenseins. Andere Kinder litten unter den sehr strengen Regeln und an Heimweh.

Eigentlich war di KLV eine freiwillige Initiative, aber da nur wenige Eltern ihre Kinder den Parteiorganisationen anvertrauen wollten, wurden die „Einladungen" immer unfreundlicher im Ton.

Insgesamt konnten bis Kriegsende fünf Millionen Kinder die bombardierten Städte verlassen. Zwei Millionen fuhren, zum Teil mit ihren Müttern, zu Freunden und zu Verwandten außerhalb der Großstädte, wo sie dann Monate oder sogar Jahre blieben. Diesen Kindern konnte die Partei ihre schlimmen Ideale und Werte nicht direkt beibringen.

Was ist richtig?

1 Zwei Millionen Kinder

   a ☐ blieben in den bombardierten Städten.

   b ☐ kamen in ein KLV-Lager.

   c ☐ fuhren zu Freunden und Verwandten aufs Land.

2 In den KLV-Lagern

   a ☐ durfte man lesen, was man wollte.

   b ☐ hatten nicht wenige Kinder Heimweh.

   c ☐ lebten die Kinder mit ihren Eltern.

3 Adolf Hitler

   a ☐ schickte seine Kinder aufs Land.

   b ☐ ließ den Kindern Bücher schicken.

   c ☐ ließ die Kinderlandverschickung organisieren.

Kommissar Escherich

track 09

Ein Jahr nach der seltsamen Nacht mit Enno Kluge hat Kommissar Escherich seinen Klabautermann immer noch nicht gefunden. Der schreibt weiter seine Karten und seit dem Angriff Deutschlands auf Russland scheint er noch aktiver zu arbeiten. Kommissar Escherich steckt weiter seine Fähnchen in den Stadtplan. Er wartet auf den Zufall, er wartet mit großer Geduld. Andere Feinde der Partei, andere Verräter hat der Kommissar in diesen Jahren gefunden und für die Hinrichtung weitergegeben. Doch der Kartenschreiber bleibt versteckt und nur ein sehr kleiner Bezirk auf dem Stadtplan von Berlin ist noch ohne Fähnchen.

Kommissar Escherich ist zufrieden, auch wenn er nicht gern an den Tod von Enno Kluge denkt. Die Postkarten werden nämlich immer noch gefunden. Kluge hatte wirklich nichts damit zu tun. Nur ein Protokoll hat er unterschrieben, in dem er aus Angst und

Feigheit sagt, eine Karte von einem Mann in der Frankfurter Straße bekommen zu haben. Alles erfunden, ein Trick von Kommissar Escherich, aber ein unnötiger.

Dann stehen Obergruppenführer Prall und noch wichtigere Männer der SS in Kommissar Escherichs Büro. Sie wollen Ergebnisse sehen, sie haben den Klabautermann nicht vergessen und die kleinen Erfolge des Kommissars sind ihnen egal.

„In diesen wenigen Straßen stecken keine Fahnen. Der Kartenschreiber muss hier wohnen." — „Und warum lassen Sie nicht die Häuser durchsuchen?" — „Es sind fast tausend Wohnungen. Außerdem sind die Menschen in Berlin schon wegen der Luftangriffe und der Bomben nervös." — Die SS-Leute hören ungeduldig zu.

„Der Kartenschreiber kann schnell alles verstecken: Karten, Tinte, Feder. Er hat aber bestimmt keinen Radioapparat, denn er ist einfach zu schlecht informiert." — „Lieber Escherich. Wir wollen positive Vorschläge und wir wollen den Mann. Eine Woche Zeit haben Sie noch. Dann ist *unsere* Geduld zu Ende."

In der Woche passiert einfach gar nichts. Kommissar Escherich denkt ein bisschen arrogant, ein bisschen gleichgültig: „Mir kann niemand schaden. Die Leute brauchen mich." Aber er hat nicht mit der Eile und der Wut der SS und der Partei gerechnet. Er ist Kriminalist und die anderen sind Soldaten, die keine Geduld kennen. So steht Kommissar Escherich wieder vor den Herren — und das ist der Anfang vom Ende. Denn ohne Ergebnisse wollen die Herren nicht bleiben, das akzeptieren sie nach so langer Zeit nicht. Kommissar Escherich versteht, dass seine Arbeit und seine Methode nicht funktioniert haben, und er sagt sich: „Zwei Jahre sind vergangen und ich kann nur geduldiges Warten empfehlen. Aber vielleicht könnte man den Fall Herrn Kriminalrat Zott übergeben."

Das ist das Signal für die SS, die über der Gestapo steht. Sie denkt: „Wir zeigen Escherich, wie Deutschland jetzt funktioniert." Escherich wird geschlagen und er kommt für einige Wochen ins Gefängnis in der Prinz-Albrecht-Straße. Wie viele Menschen hatte er schon dorthin geschickt! Jetzt sitzt er selbst dort und das Gefängnis hier ist kein normales Gefängnis ...

Zott muss jetzt natürlich zeigen, dass er besser und schneller arbeitet als Escherich. Zott liebt Statistiken. Zott hat keine Angst vor unsinniger Arbeit. Zott sieht sich noch einmal die Fähnchen auf Escherichs Stadtplan an. Er schickt viele Spitzel in die tausend Wohnungen, die Escherich zu viele waren. Er schickt Klebs zu Persicke, er hat eine Theorie. Er bekommt ein Telefonat.

„Tischler? Das ist der Falsche. Der Richtige arbeitet bei der Straßenbahn! Lassen Sie den Mann gehen." Zott meint, dass der Kartenschreiber mit der Straßenbahn zu tun hat, weil so viele Karten an Straßenbahnhöfen gefunden werden. Dazu hat Zott viele Tabellen geschrieben und Obergruppenführer Prall ist sehr zufrieden. „Sie schlauer Fuchs, Sie! Natürlich dürfen Sie unsere Männer an den Straßenbahnhöfen einsetzen. Escherich hat wirklich nichts verstanden. Jetzt finden wir den Mann."

Es dauert nur wenige Wochen und auch Zott muss gehen. Denn Ergebnisse gibt es keine, Karten findet man noch immer. Obergruppenführer Prall sieht wieder rot, aber er hofft, dass doch wieder der alte arrogante Escherich helfen kann. Und Escherich taucht wieder auf, er ist jetzt ein anderer Mensch. Zott ist mit seinen Theorien nicht weitergekommen, dann lieber Escherich: erfahren, vielleicht nicht mehr so arrogant.

Prall, der Obergruppenführer, der SS-Mann, der Chef, hat recht: Kommissar Escherich ist bescheiden geworden, klein, er tut seine Arbeit, aber die Lust, die Begeisterung ist weg. Ein einziges Ziel hat

er noch: „Den Klabautermann muss ich finden, diesen Mann, der so vielen Menschen nur Angst gemacht hat."

Montag. Seit acht Wochen ist Escherich wieder Kommissar. An diesem Tag werden Emil Barkhausen zu zwei Jahren und der Spitzel Klebs zu einem Jahr Gefängnis verurteilt. An diesem Tag fällt Trudel Hergesell die Treppe herunter und verliert ihr Kind. An diesem Tag ist Anna Quangel krank und liegt im Bett.

Es klingelt bei Quangels und Anna hat ein schlechtes Gefühl. „Mach nicht auf, Otto." Aber Otto macht auf. „Wir brauchen Sie in der Fabrik. Ein Arbeiter hat sich schwer verletzt. Helfen Sie uns!" Und Otto geht — mit zwei Karten in der Tasche, die er gerade geschrieben hat.

Der Zufall ist blind, wie Glück und Pech. Er will, dass aus dem großen Loch in Ottos Tasche die zwei Karten fallen — mitten in der Fabrik. Otto selbst findet sie noch, gibt sie einem Arbeiter, aber die Gestapo ist schnell da.

Kommissar Escherich stellt seine Leute um die Fabrik, niemand darf sie verlassen. Er lässt sich alle Namen der Arbeiter geben und ihre Adressen. Alle Namen der Arbeiter, die jetzt an den Maschinen stehen sollen. Niemand wohnt in dem kleinen Viereck ohne Fähnchen. „Da ist aber noch Quangel, der ist für einen verletzten Arbeiter gerade heute Abend noch gekommen." — „Wo wohnt der?" — „Jablonskistraße 55." — Der Fall Klabautermann ist auch gelöst.

Prall eilt mit Kommissar Escherich zu Anna Quangel. Eigentlich will Prall den Kartenschreiber sofort ins Gefängnis bringen. Doch irgendwie lässt sich der Kriminalist Escherich Zeit. Er möchte Anna hören, aber leider ist Prall dabei. Prall hat seine besonders bösen Methoden, doch Anna ist so krank, dass sie fast nicht sprechen kann. Sie will von nichts wissen.

Als dann Kommissar Escherich die Feder und die frische Tinte daran entdeckt, ist das Ende für die Quangels sehr nah. Kommissar Escherich kann Anna noch in ein Krankenhaus fahren lassen, dann geht er zurück zur Fabrik und mit Otto — diesmal ohne Prall — steht er wieder in der Wohnung. „Ein Arzt sorgt für Ihre Frau. Ein Krankenwagen hat sie weggebracht." — „Krankenwagen, Arzt — das ist gut. Ich danke Ihnen. Das ist richtig. Sie sind kein schlechter Mensch."

Kommissar Escherich ist kein schlechter Mensch und er ist besser geworden. Die Karten von Anna und Otto haben ihn gebessert. Die Karten haben einen, wenn auch nur *einen* Menschen verwandelt. Auch die Karte, die Escherich in Ottochens Radiobuch findet.

Feiern möchte Prall, und es feiern viele mit ihm. Der Kartenschreiber ist gefangen! Doch Escherich weiß endlich, wie mutig und stark Otto Quangel ist. Allein, aber stark. Einsam, aber frei. Halb Deutschland möchte vielleicht feiern, so zeigt es der Obergruppenführer. Mit seinen Männern geht er in Quangels Zelle. Und sie misshandeln den Mann und Escherich muss mitmachen, weil Prall das so will.

Das Zeichen ist laut und stark. Kommissar Escherich weiß, was er nicht mehr will. Jetzt ist ihm wirklich alles zu viel. *Einen* Menschen haben die Karten verändert. Allein in seinem Büro setzt Kommissar Escherich seinem Leben ein Ende. — Seine Mitarbeiter finden ihn tot auf dem Boden, seine Pistole in der Hand.

Nach dem Lesen

Textverständnis

1 Was ist richtig?

1 Nach dem Tod Enno Kluges
- a ☐ werden kaum Karten gefunden.
- b ☐ werden noch mehr Karten geschrieben.
- c ☐ findet man ein Jahr lang keine Karten.

2 Der Klabautermann
- a ☐ ist schlecht über den Krieg informiert.
- b ☐ ist bestens über den Krieg informiert.
- c ☐ will sich nicht über den Krieg informieren.

3 Escherich hat
- a ☐ noch immer viel Zeit.
- b ☐ nicht viel Zeit verloren.
- c ☐ nur noch sieben Tage Zeit.

4 Die Herren vor Escherich
- a ☐ sind Kriminalisten der Gestapo.
- b ☐ sind geduldige Menschen.
- c ☐ sind brutale Soldaten der SS.

5 Zott hat
- a ☐ auch keinen Erfolg.
- b ☐ am Anfang großen Erfolg.
- c ☐ einige kleine Erfolge.

6 Escherich hat
- a ☐ sich im Gefängnis nicht verändert.
- b ☐ sich sehr verändert.
- c ☐ seine Lust an der Arbeit nicht verloren.

2 **Ordne die Sätze in der Reihenfolge der Erzählung von 1 bis 10.**

a ☐ Escherich hat keine Ergebnisse zu zeigen.

b ☐ Otto Quangel sitzt im Gefängnis.

c ☐ Escherich besucht Anna Quangel.

d ☐ In einem Buch wird eine Karte gefunden.

e ☐ Escherich wird geschlagen.

f ☐ Prall und seine Leute geben Escherich noch eine Woche Zeit.

g ☐ Escherich geht mit Otto in die Wohnung des Ehepaares.

h ☐ Escherich begeht Selbstmord.

i ☐ Deutschland hat Russland angegriffen.

j ☐ Otto ersetzt einen verletzten Arbeiter.

3 **Wer denkt oder sagt das?**

	Escherich	Otto	Anna
1 Ich bin völlig erschöpft, vielleicht habe ich Fieber.	☐	☐	☐
2 Man muss nur Geduld haben.	☐	☐	☐
3 Wo sind denn die zwei Karten?	☐	☐	☐
4 Was finden wir denn hier?	☐	☐	☐
5 So böse ist der Kommissar doch nicht.	☐	☐	☐
6 Zott könnte bald Ergebnisse liefern.	☐	☐	☐
7 Da geht er wieder mit der alten Tasche zur Arbeit.	☐	☐	☐
8 Natürlich helfe ich meinen Leuten!	☐	☐	☐
9 Jetzt haben wir ihn!	☐	☐	☐
10 Geh nicht hin!	☐	☐	☐

Wortschatz

4 Wähle das passende Verb.

1 Prall und andere SS-Männer *verlieren / vergessen / verstehen* die Geduld.

2 Otto muss schnell alles *verbringen / verstecken / verstellen*.

3 Jetzt *bringen / holen / zeigen* wir es Escherich!

4 Zott wird *angenommen / angerufen / angehalten*.

5 Lassen Sie die tausend Wohnungen *durchhalten / durchstehen / durchsuchen*.

6 Trudel ist die Treppe *hinuntergebracht / hinuntergestürzt / hinuntergeholt*.

7 Prall will Escherich zu Anna Quangel *begleiten / begrüßen / benehmen*.

8 Escherich kann Pralls Besuch nicht *vermieten / verhindern / verhandeln*.

5 Welches Wort passt nicht?

1 Woche — Monat — Jahr — Uhr — Stunde

2 Methode — System — Plan — Unordnung — Programm

3 eilig — schnell — langsam — dringend — rapide

4 Anfang — Ende — Start — Beginn — Geburt

5 unsinnig — dumm — blöd — doof — sinnvoll

Grammatik

6 Verbinde.

1	abhängen		a	für
2	erstaunt sein		b	zu
3	sich bemühen		c	mit
4	brauchen		d	an
5	helfen		e	um
6	denken		f	auf
7	kämpfen		g	über
8	sich freuen		h	vor
9	beginnen		i	von
10	fliehen		j	bei

7 Setze die richtige Präposition ein.

1 Glück gehört auch .... Escherichs Methoden.

2 Jemand klingelt .... den Quangels.

3 Prall will mit Escherich .... die Wohnung der Quangels.

4 Im Krankenhaus wird man sich .... Ottos Frau kümmern.

Hörverständnis

8 **ZERTIFIKAT B1** Du hörst nun einen Text. Du hörst den Text einmal. Dazu löst du fünf Aufgaben. Wähle bei jeder Aufgabe die richtige Lösung a, b oder c.

track 10

Du nimmst an einer Studienreise nach Berlin teil. Am Abend vor dem ersten Rundgang stellt die Reiseführerin das Programm vor.

1 Der Spaziergang startet
   a ☐ am Hotel.
   b ☐ am Brandenburger Tor.
   c ☐ am Haus der Kulturen der Welt.

2 Die Ausstellung über das Bauhaus befindet sich
   a ☐ im Haus der Kulturen der Welt.
   b ☐ im Paul-Löbe-Haus.
   c ☐ im Bundeskanzleramt.

3 Ein Hausmeister
   a ☐ warf Bomben in eine Botschaft.
   b ☐ rettete die Schweizerische Botschaft.
   c ☐ rettete viele Schweizer.

4 Im Spreebogenpark
   a ☐ findet ein Picknick statt.
   b ☐ gibt es Kaffee und Kuchen.
   c ☐ kann man sich entspannen.

5 Im Reichstagsgebäude
   a ☐ steht die Gruppe wahrscheinlich Schlange.
   b ☐ braucht die Gruppe nicht zu warten.
   c ☐ wird die Gruppe zu Abend essen.

Im Gefängnis

Kommissar Laub ist ein brutaler Typ. Anna Quangel wird von ihm verhört und sie lernt schnell die bösen Methoden dieses Polizisten kennen. Sie erfährt, dass Otto auch im Bunker der Gestapo sitzt. Ihre Mitgefangene, eine gewisse Berta, erzählt ihr, dass auch ihr Bruder Ulrich und dessen Frau verhaftet wurden. All das ist für Anna sehr schlimm, aber schlimmer ist Kommissar Laub. Er hört den Namen Trudel Baumann und möchte alles über die Verlobte von Annas Ottochen wissen.

„Wieso wollte Ihr Mann nicht, dass Trudel Sie besuchte?" — „Er war sehr wütend, denn an einem Abend mit Trudel hatte ich auch Frau Rosenthal in der Wohnung versteckt." — „Das ist verboten. Echte Deutsche dürfen keine Juden im Haus haben. Trudel hat das also gewusst. Morgen werde ich diese Dame suchen."

Anna ist verzweifelt. Die arme Trudel hat nichts getan, und doch schafft es Kommissar Laub, dass die junge Frau wie eine

Verräterin, eine Volksfeindin aussieht. So schafft er es auch, dass Anna noch vieles andere sagt, zum Beispiel über die Karte beim zufälligen Treffen von Trudel und Otto.

Am nächsten Tag besuchen Kommissar Laub und einige böse Typen das junge Ehepaar Hergesell. Trudel und Karl haben einen Spaziergang gemacht. „Karl, in der Fabrik kannst du zeigen, dass du gegen Hitler und die Partei bist." — „Aber es nützt doch nichts." — „Aber ich will etwas tun. Wir dürfen keine Feiglinge sein. Ich kenne eine Jüdin, die möchte ich in unserem Haus verstecken." — „Nein, tu das nicht. Das ist viel zu gefährlich und wir haben auch gar nicht genug zu essen." — „Deine Wohnung ist auch meine Wohnung. Wir werden die Frau retten."

So haben sich die zwei jungen Menschen gestritten. Das Leid über das verlorene Kind, die Sorge um die Zukunft, die Wut über den Krieg, Hitler, die Partei — alles spielt dabei eine Rolle und als Karl und Trudel in ihre Wohnung treten, bemerken sie erst nach einiger Zeit, dass da schon jemand steht.

„Kriminalkommissar Laub von der Gestapo, Berlin. Herr Hergesell, nicht wahr? Frau Gertrud Hergesell, geborene Baumann, genannt Trudel? Schön! Ich hätte gern einmal ein paar Worte mit Ihrer Frau gesprochen, Herr Hergesell. Vielleicht warten Sie solange in der Küche?" Trudel lächelt und verabschiedet sich von Karl mit einem Kuss.

Wieder geht es los mit Laubs Methoden. Und seine Leute helfen kräftig mit. So finden sie den Abholschein von Grigoleits Koffer. Laub weiß auch von der kommunistischen Zelle: „Wir werden ja sehen, was in dem Koffer ist. Ich lasse ihn sofort am Bahnhof abholen. Wir warten hier." Trudel wusste nichts von dem Koffer und auch Karl weiß nicht, ob Grigoleit die Wahrheit gesagt hat. Kleider? Schuhe?

Der Koffer ist endlich in der Wohnung. Ein Gestapo-Kerl öffnet mit Mühe das schwere Ding. Und — eine kleine Druckmaschine. „Um kommunistische Flugblätter zu drucken! Damit ist alles klar. Wir nehmen beide fest." — „Lebe wohl, Karl. Du hast mich sehr glücklich gemacht ..." Eine Faust unterbricht Trudel. Karl reagiert wütend, aber er wird brutal geschlagen und fällt ohnmächtig hin.

So fahren alle zur Gestapo-Zentrale. Trudel hofft, dass Karl wieder wach wird. Aber er bewegt sich nicht.

Die Haft von Otto Quangel im Gestapo-Bunker ist sehr hart. Kommissar Laub zeigt sich auch bei Otto von seiner schlechtesten Seite. Außerdem versteht Otto, dass Anna schwach geworden ist. Sie hat den Namen von Trudel genannt, und das war gar nicht nötig. Aber Laub will alles zerstören: nicht nur die Kartenschreiber, sondern alle Menschen um sie herum. So ärgert sich Otto auch nicht über Anna, er ist nur sehr besorgt. Aber das Schlimmste für Otto ist Karlchen Ziemke. Dieser Mann sitzt mit ihm in derselben Zelle. Ein Riese, früher bei der SS, dann nur noch Mörder.

Karlchen hat hier eine besondere Taktik. Er will verrückt erscheinen. Er benimmt sich wie ein Hund und Otto soll ihn auch so behandeln. Otto, der immer für sich allein gelebt hat, sitzt mit einem verrückten „Hund" in seinem kleinen Gefängnis. Aber am Ende ist der „Hund Karlchen" so traurig, dass Otto für ihn Mitleid fühlt. Otto wird nämlich in ein anderes Gefängnis gebracht — und Karlchen weint.

Jemand hat nicht aufgepasst und der Zufall hat vielleicht geholfen. Wer weiß? Jedenfalls bekommt eines Tages Anna Quangel Besuch — eine neue Gefangene in ihrer Zelle. Es ist Trudel. Die zwei Frauen haben sich so viel zu erzählen. So weiß jetzt Trudel, wer ihren Namen genannt hat. Aber sie verzeiht der armen Anna, denn sie weiß, dass es vor der Gestapo kein Geheimnis gibt.

„Das Reich der Nazis wird nicht mehr viele Jahre dauern, Trudel!" — „Wer weiß? Und was haben sie alles den Juden und den anderen Völkern antun dürfen — ohne Strafe?! Glaubst du wirklich, dass es Gott gibt, Mutter?" —„Ja, Trudel, das glaube ich. Otto wollte es nicht erlauben, aber das ist mein einziges Geheimnis vor ihm: Ich glaube an Gott."

Ohne Strafe und ohne Skrupel — sogar der Sohn gegen den Vater. Der alte Persicke ist in einem Institut, wo man versucht, Alkoholiker zu heilen. Aber das gefällt dem jungen Baldur, dem Sohn mit der schnellen Karriere in der Partei, gar nicht. Baldur geht seinen Vater in der Anstalt besuchen. Alles hat Baldur geregelt, auch die schlimmsten Fehler und schlechtesten Taten des Vaters. Der war nicht nur ein Trinker, sondern auch ein Betrüger und Dieb. Baldur hat für ihn die schlimmste Strafe.

Zum Chefarzt sagt der junge Mann einfach: „Ich habe gehört, Sie geben hier besondere Spritzen, um die wildesten Patienten zu beruhigen." Der Arzt wird blass: „Das ist nichts für Ihren Vater. Er überlebt so eine Spritze wahrscheinlich nicht." Baldur ist kalt: „Versuchen Sie es einfach. Ich wäre Ihnen dankbar." Der junge NS-Mann weiß, wie man Menschen überzeugt, und der Arzt ist nicht stark. Von dem alten Persicke wird man nichts mehr hören.

Etwas Freude, wenn man das so nennen darf, gibt es im neuen Gefängnis von Otto Quangel. Er sitzt jetzt in Untersuchungshaft[1] am Volksgerichtshof. Es ist das höchste Gericht Deutschlands, natürlich fest unter NS-Kontrolle. Es wird Otto und Anna verurteilen. Das Urteil ist wohl klar. Doch vielleicht ist die Haft vorher nicht die furchtbarste Zeit. Otto hat Glück, denn mit ihm in der Zelle sitzt ein gewisser Doktor Reichhardt.

---

1. **e Untersuchungshaft**: die Zeit, die jemand im Gefängnis verbringt, bis er vor Gericht kommt.

Doktor Reichhardt ist Musiker; er hat als Dirigent gearbeitet, aber dann hat er der Partei nicht mehr gefallen. Und sie ihm nicht. Jetzt sitzt er hier im Gefängnis des Volksgerichtshofs. Er wird gut behandelt und Otto Quangel wird von Reichhardt wie ein Freund behandelt. Doktor Reichhardt ist ein guter Mensch, ein Trost in dieser Hölle. Er hat mit sich allein Schach gespielt, jetzt zeigt er ihm das Spiel und Otto ist sogar besser als sein Lehrer. Ein bisschen Licht und andere, bessere Gedanken.

Trudel ist dagegen sehr unglücklich. Sie ist nicht mehr mit Anna in einer Zelle, seitdem auch die beiden Frauen in Untersuchungshaft sitzen. Trudel denkt immer an ihren Karl, fragt nach ihm. Keiner weiß etwas. Auch der gute Pastor Lorenz nicht, ein Pfarrer, der mit guten Worten die Gefangenen tröstet. Aber eines Tages ist klar: Karl ist an seinen Verletzungen am Kopf gestorben. Trudel erfährt das vom Pfarrer und sie sieht ihren Karl noch ein letztes Mal, tot in seiner Zelle. Eine Stunde später ist Trudel auch tot. Der Schmerz war zu groß, sie hat sich das Leben genommen. Ihr Leben, das ihr wertlos schien.

Nach dem Lesen

Textverständnis

1 Was ist richtig (R) und was ist falsch (F)?

		R	F
1	Kommissar Laub ist noch ruhiger als Escherich.	☐	☐
2	Annas Eltern sind verhaftet worden.	☐	☐
3	Man durfte keine Juden in der Wohnung verstecken.	☐	☐
4	Anna sagt nicht viel.	☐	☐
5	Trudel und Karl haben sich gestritten.	☐	☐
6	Ein Dieb ist in die Wohnung des Ehepaars eingebrochen.	☐	☐
7	Karl soll etwas kochen.	☐	☐
8	Trudel weiß fast nichts von dem Koffer.	☐	☐

2 Verbinde.

1 ☐ Bei dem Namen Trudel Baumann
2 ☐ Laub schafft es, von Anna
3 ☐ Leid, Sorge, Wut führen
4 ☐ Karl soll
5 ☐ Trudel will
6 ☐ Jemand soll
7 ☐ Sie finden eine Maschine,
8 ☐ Karl wird von einem Gestapo-Mann

a zum Streit zwischen Trudel und Karl.
b ihren Mann vor dem Verhör küssen.
c in der Küche warten.
d passt der Kommissar besonders auf.
e den Koffer im Bahnhof abholen.
f ohnmächtig geschlagen.
g viele wichtige Einzelheiten zu erfahren.
h um Flugblätter zu drucken.

3 Setze die fehlenden Wörter ein. Zwei Wörter passen nicht.

> richtig Land genug bestimmt zu irgendwie
> auch zweit Koffer Treffen viel so

Karl hat mir nie etwas von dem (**1**) .... gesagt. Er hat mich
(**2**) .... beschützen wollen. Ich habe ihm ja (**3**) ....
nicht von dem zufälligen (**4**) .... mit Otto Quangel
erzählt. Das ist die Angst in diesem (**5**) .... Sie hat uns
(**6**) .... Feiglingen gemacht. Aber unsere Liebe ist stärker.
Jetzt ist Karl verletzt und ich hoffe, dass er bald wieder aufwacht.
Es tut mir (**7**) .... leid, dass wir uns gestritten haben.
Alles haben sie uns weggenommen, aber Karl und ich werden es
(**8**) .... schaffen. Zu (**9**) .... sind wir sicherlich stark
(**10**) ...., um all das Böse zu überstehen. Karl, bitte komm
wieder zu dir. Ich brauche dich!

Wortschatz

4 Setze das richtige Wort ein.

> arme verzweifelt besorgt später verstecken
> Seite jungen sprechen bewegt klar

1 Anna ist im Gefängnis ....

2 Die .... Trudel hat doch gar nichts getan.

3 Ich möchte diese Jüdin in unserem Haus ....

4 Karl und Trudel sind um ihre Zukunft ....

5 „Kann ich jetzt mit Ihrer Frau ....?"

6 „Jetzt ist mit dieser Druckmaschine alles ...."

7 Karl ist noch immer ohnmächtig: Er .... sich nicht.

8 Laub zeigt sich meistens von seiner schlechtesten ....

9 Eine Stunde .... ist Trudel auch tot.

10 Der .... Frau schien ihr Leben wertlos.

5 Welches Wort passt nicht?

1 Hund — Vogel — Katze — Pferd — Maus

2 kalt — streng — gemein — böse — herzlich

3 Strafe — Essen — Urteil — Gericht — Anwalt

4 spielen — lachen — singen — weinen — springen

5 Freiheit — Zelle — Gefängnis — Verhaftung — Festnahme

Grammatik

Indirekte Fragesätze mit „ob".

Die Konjunktion *ob* wird bei der Bildung von indirekten Fragesätzen benutzt. Dabei muss der Fragesatz in seiner direkten Form eine sogenannte „Ja-Nein-Frage" sein, also als Antwort ein *Ja* oder ein *Nein* erwarten.

Die Konjunktion *ob* steht am Anfang des Nebensatzes, der wie üblich mit dem konjugierten Verb endet.

Otto fragt Anna: „Hast du Angst?"
Otto fragt Anna, ob sie Angst hat.

6 Verbinde mit der Konjunktion „ob".

Wir wissen (noch) nicht, ...

1 Schreibt Otto Anna einen Brief?

2 Sehen Otto und Anna sich noch einmal wieder?

3 Werden Otto und Anna zum Tode verurteilt?

4 Bleibt Kuno bei Eva?

5 Sieht Kuno seinen Vater wieder?

6 Stirbt Baldur unter den Bomben?

7 Überlebt der alte Persicke die Spritze?

8 Kann Pastor Lorenz die Gefangenen noch lange trösten?

9 Hilft der freundliche Doktor Fromm dem Ehepaar?

10 Kehren Evas Söhne aus dem Krieg zurück?

7 Verwandle in indirekte Fragesätze. Beachte das Beispiel.

0 Ich weiß nicht: „Werde ich wieder frei?"
  Ich weiß nicht, ob ich wieder frei werde.

1 Anna weiß nicht: „Kann Trudel gerettet werden?"

2 Trudel fragt sich: „Werde ich noch Kinder bekommen?"

3 Karl fragt sich: „Sehe ich Trudel bald wieder?"

4 Otto weiß nicht: „Überlebt Anna ihre Zeit im Gefängnis?"

5 Otto fragt sich: „Ist dieser Mensch verrückt?"

6 Baldur fragt den Arzt: „Können Sie meinen Vater beruhigen?"

7 Doktor Reichhardt weiß nicht: „Ist Otto Quangel ein kluger Mensch?"

8 Der Pastor fragt sich: „Konnte ich Trudel retten?"

Sprechen

8 **ZERTIFIKAT B1** Plant etwas zu zweit.

Du möchtest mit einem Freund oder einer Freundin an die Ostsee auf die Insel Rügen und in die Städte Greifswald und Stralsund fahren. Plant zusammen den Ausflug. Überlegt euch ein passendes Programm.

Sprecht über die Punkte unten, macht Vorschläge und reagiert auf die Vorschläge des Gesprächspartners / der Gesprächspartnerin.

Plant und entscheidet gemeinsam, was ihr tun möchtet.

Reise an die Ostsee planen

— Wann losfahren (Tag, Uhrzeit)?

— Wie hinkommen?

— Welche Kosten?

— Was anschauen (Museen, Parks, Einkaufsmöglichkeiten, Strände, Landschaften, ...)?

— Was mitnehmen?

— ...

Der Prozess

Der Volksgerichtshof in Berlin ist ein ganz besonderes Gericht. Wer hier als Angeklagter sitzt, ist meistens schon zum Tode verurteilt, bevor der Richter das Urteil spricht. Der Richter ist der Präsident Feisler, schlecht und böse. Ihm gefällt es, die noch nicht Toten mit seinen Fragen und den eigenen Antworten zu quälen, und das kann Stunden dauern.

Otto und Anna Quangel wird nun der Prozess gemacht. Monatelang haben sie sich nicht gesehen. Jetzt treten sie gleichzeitig in den Gerichtssaal ein. Da hat jemand nicht aufgepasst, denn die zwei dürfen sich nicht sprechen. Doch der Zufall will es, dass niemand auf Otto und Anna achtet und Anna sich einfach neben ihren Mann setzt.

„Noch nicht, Anna! Sprich noch nicht!", sagt Otto glücklich, aber sehr vorsichtig. Im Saal sitzen einige Studenten und natürlich einige Parteileute und Doktor Fromm, der ältere Herr, der in der Jablonskistraße 55 Frau Rosenthal retten wollte. Nur er sieht den Fehler, aber er sagt nichts.

Nach einiger Zeit beginnt Otto: „Ich freue mich, Anna. Geht's dir gut?" — „Ja, Otto, jetzt geht's mir wieder gut." — „Sie werden uns nicht lange zusammen sitzen lassen. Aber freuen wir uns über diese Minuten. Dir ist klar, was kommen wird?" — „Ja, Otto." — „Das Todesurteil für uns beide, Anna."

Anna will alle Schuld mit dem Kartenschreiben auf sich nehmen, aber Otto ist dagegen: „Du kannst nicht gut genug lügen. Du wirst nur die Verhandlung in die Länge ziehen. Lass uns die Wahrheit sagen, dann geht es schnell." Otto muss seine Frau aber lange darum bitten. „Die reine Wahrheit, Anna!" Dann endlich: „Gut, Otto, ich verspreche es dir." — „Danke, Anna. Ich danke dir sehr."

Aber jetzt muss Otto seiner Frau noch eine besonders traurige Nachricht sagen. „Trudel und Karl sind tot." — „Hingerichtet?" — „Nein, Karl ist an den Folgen eines Schlages gestorben und Trudel hat sich dann das Leben genommen. Der gute Pastor Lorenz hat mir das gesagt." — „In der Nacht, als das ganze Gefängnis schrie? Es war schrecklich, Otto!" — „Ja, es war schrecklich. Auch bei uns war es schrecklich."

Anna hat auf einmal eine furchtbare Idee: „Wir könnten es genauso machen." Otto reagiert langsam: „Nein, Anna, wir tun das nicht. Wir wollen ihnen nicht weglaufen. Wir nehmen ihnen das Urteil nicht weg." — „Nun gut. Aber du glaubst doch, Otto, dass wir zusammen hingerichtet werden?" — „Ich weiß nicht."

Otto will nicht lügen, aber er weiß, dass jeder für sich allein sterben wird. Er denkt an die Worte des mutigen Doktor Reichhardt in der Untersuchungshaft: „Gegen die Nazis haben wir alle einzeln handeln müssen, Quangel, und einzeln sind wir gefangen und jeder

wird für sich allein sterben müssen. Aber darum sind wir doch nicht allein. Wir sterben nicht umsonst: Wir kämpfen gegen die Gewalt und für das Recht. Am Schluss werden wir die Sieger sein."

Otto sagt Anna noch, dass sie sich vor dem Tod noch einmal sehen können. „Dann ist es gut, Otto, dann habe ich doch etwas, auf das ich mich jede Stunde freuen kann. Und jetzt sitzen wir zusammen."

Nach einigen Minuten bemerkt endlich jemand den Fehler: Anna und Otto werden getrennt. Feisler, der Präsident des Volksgerichtshofs, weiß nichts davon — zum Glück; sonst hätte der Prozess noch länger gedauert. So ist er nur eine Farce, eine tragische Inszenierung von sieben Stunden! Der Richter ist gleichzeitig der wichtigste Ankläger. Sofort greift er erst Otto, dann Anna mit wütenden, bösen Worten an.

„Sind Sie ein gemeiner Volksverräter, oder sind Sie es nicht? Ja oder nein!" Quangel sieht den feinen Herrn über sich an. Er sagt ihm einfach, klar und deutlich: „Ja!" Der Präsident schreit und spuckt hinter sich: „Pfui Teufel! Und so was nennt sich Deutscher!" Und so geht das lange weiter.

Aber nicht nur der Richter ist der Ankläger, es gibt auch einen offiziellen Ankläger für Deutschland. Das „Tausendjährige Reich" gegen Anna und Otto Quangel. Dieser Ankläger beschäftigt sich besonders mit Anna. Seine bösen Fragen bringen Anna aber nicht aus der Ruhe. Auf einmal sagt sie sogar etwas, das niemand im Saal hören möchte. Nur Otto ist stolz auf seine Frau, weil sie die Wahrheit sagt: über das Kartenschreiben, über Trudel und sogar über die SS ... Doktor Fromm sitzt still. Wer weiß, was er gerade denkt?

Anna wird aus dem Saal geführt, zurück ins Gefängnis, zu harter Strafe. Otto muss weiter zuhören. Die Anklage bringt dann einen ganz besonderen Zeugen: Ulrich Heffke, Annas Bruder. Der hat zugesehen, wie seine Schwester behandelt wurde. Seit Monaten hat Ulrich unter Kommissar Laub leiden müssen. Ulrich ist nicht so stark wie Anna, er hat sich in Dingen für schuldig erklärt, wo überhaupt keine Schuld war. Er hat einfach immer gesagt, was die Nazis hören wollten. So hoffte Annas Bruder, endlich in Ruhe leben zu können. Aber Kommissar Laub hat ihn nicht in Ruhe gelassen. Und Ulrich ist fast verrückt geworden. Ein paar Mal hat er sich das Leben nehmen wollen: Seine graue Frau hat ihn bisher immer retten können. Vielleicht liebte sie ihn.

Die Frau von Ulrich hat irgendwie keine Probleme mit der Gestapo und SS; Ulrich aber muss zum Prozess und er tut zum Abschied zwei sehr komische Dinge: Der arme Mann singt laut ein Kirchenlied und er springt von seiner Bank auf, weil er wie ein Vogel fliegen will. Seine letzten Worte sind schließlich: „Ich komme!" Dann tragen sie ihn weg. Eine Spritze setzt früher oder später seinem Leben ein Ende.

Die Verteidiger von Anna und Otto sind nicht viel wert. Wenigstens versucht der Verteidiger von Anna, gegen die Methoden des Richters und seines Anklägers etwas zu sagen. Aber schnell zeigt man ihm, wer im Volksgerichtshof etwas zu sagen hat. Das Argument, Anna ist vielleicht so verrückt wie ihr Bruder, wird nicht akzeptiert, sogar verboten. Annas Verteidiger muss nach einiger Zeit aufgeben.

Ottos Verteidiger fängt gar nicht erst mit seiner Aufgabe an. Er spricht sogar gegen Otto! „Ich kann einen solchen Verbrecher nicht verteidigen. Ich, der Verteidiger, muss deshalb selbst zum Ankläger werden. Dieser Verbrecher hat den Namen ‚Mensch' nicht verdient!" In diesem Augenblick tut Otto etwas, was er seit vielen Jahren nicht getan hat: Er lacht laut.

KAPITEL 9

Eine andere Freiheit kommt von Doktor Fromm. Es gibt eine letzte Pause, dann wird Präsident Feisler das Urteil lesen. Otto Quangel ist allein, er denkt, er leidet, vielleicht hofft er. Doktor Fromm geht zu ihm. Er gibt dem Angeklagten sehr schnell ein kleines Päckchen. Keine Zeit, um etwas dazu zu sagen. Zwei Polizisten sehen nur, dass Quangel nicht an seinem Platz ist. „Was machen Sie denn da?", schreien sie.

Otto sagt nur: „Hitler, stirb! Göring, stirb! Goebbels, stirb!" Dann schlägt man ihn und trägt ihn in sein Gefängnis. Präsident Feisler muss sein Urteil ohne die zwei Angeklagten verkünden. Otto öffnet in seiner Zelle schnell das Päckchen. Da! Ein Zettel von Doktor Fromm: „Das Gift hier tötet Sie sofort. Ihre Frau bekommt das Gleiche."

Nach dem Lesen

Textverständnis

1 **Wer denkt oder sagt das?**

		Anna	Otto	Fromm
1	So ein Glück, da sitzt sie neben mir!	☐	☐	☐
2	Die zwei dürften doch gar nicht nebeneinander sitzen.	☐	☐	☐
3	Vielleicht rette ich ihn mit meinen Lügen.	☐	☐	☐
4	Sie denkt an Selbstmord.	☐	☐	☐
5	In der Tasche habe ich, was ihnen helfen kann.	☐	☐	☐
6	Ah, mein Verteidiger wird mein Ankläger!	☐	☐	☐
7	Was tut denn Annas Bruder hier?	☐	☐	☐
8	Ich war schlimm, aber der ist noch viel schlimmer.	☐	☐	☐

2 **Verbinde.**

1 ☐ Anna will
2 ☐ Fromm kann
3 ☐ Otto will
4 ☐ Anna kann
5 ☐ Feisler will
6 ☐ Fromm möchte
7 ☐ Otto muss
8 ☐ Feisler muss

a nicht sofort sprechen.
b den Quangels ein Gift geben.
c laut lachen.
d sofort sprechen.
e ihren Mann verstehen.
f die zwei zum Tode verurteilen.
g sein Urteil ohne die Verurteilten sprechen.
h einen Fehler erkennen.

3 **Was ist richtig?**

1 Anna und Karl
    a ☐ sehen sich nicht.
    b ☐ sprechen sich nicht.
    c ☐ können sich sprechen.

2 Otto weiß
    a ☐ bestimmt, dass er zusammen mit Anna hingerichtet wird.
    b ☐ sicher, dass er für sich allein sterben muss.
    c ☐ noch nicht, dass Trudel und Karl tot sind.

3 Doktor Fromm
    a ☐ ist einer der Richter.
    b ☐ war ein strenger Richter.
    c ☐ verurteilt Anna und Otto.

4 Der Volksgerichtshof ist
    a ☐ gerecht.
    b ☐ kein Gericht.
    c ☐ ungerecht.

5 Doktor Fromm
    a ☐ gibt Anna zuerst das Gift.
    b ☐ gibt beiden sofort das Gift.
    c ☐ gibt Otto zuerst das Gift.

6 Ulrich
    a ☐ will fliegen und muss sterben.
    b ☐ kann fliegen, aber nicht singen.
    c ☐ will singen und kann fliegen.

Wortschatz

4 Setze das passende Wort ein. Zwei Wörter passen nicht.

> werden hingerichtet bekommen Leben weggesehen
> wiederzusehen verurteilt zusehen aufgewacht geschrien

1 Trudel hat sich das .... genommen.

2 Der Pastor hat dabei .... müssen.

3 Dann haben die Gefangenen furchtbar ....

4 Karl ist wahrscheinlich nicht mehr ....

5 Wer weiß, ob Anna und Karl gemeinsam .... werden?

6 Anna hofft, ihren Mann vor dem Tod ....

7 Der Richter hat das Ehepaar zum Tode ....

8 Otto und Anna .... das gleiche Gift.

5 Verbinde das Adjektiv oder das Verb mit der richtigen Präposition.

1	☐ stolz	**a**	unter
2	☐ handeln	**b**	bei
3	☐ sterben	**c**	auf
4	☐ froh	**d**	über
5	☐ leiden	**e**	vor
6	☐ warnen	**f**	in
7	☐ beliebt	**g**	für
8	☐ erfahren	**h**	von

Grammatik

Der Genitiv

*Karl ist an den Folgen **eines Schlages** gestorben.*

Der Genitiv drückt eine Zugehörigkeit aus. Auch einige Präpositionen,
Verben und Adjektive stehen mit dem Genitiv. Wie der Nominativ,
der Akkusativ und der Dativ ist der Genitiv ein Fall, der Artikelwörter,
Adjektive und in vielen Fällen sogar die Substantive verändert.

*Wegen **der großen Angst** kann niemand etwas gegen die Methoden **des Richters** sagen.*

	Deklination I	Deklination II	Deklination III
Maskulinum	des frohen Mannes	eines frohen Mannes	kalten Windes
Femininum	der frohen Frau	einer frohen Frau	kalter Milch
Neutrum	des frohen Kindes	eines frohen Kindes	kalten Wetters
Plural	der frohen Kollegen	meiner frohen Kollegen	kalter Winde

Die Possessivpronomen nehmen die Endungen des bestimmten Artikels an. Also zum Beispiel:

meines Hundes — meiner Katze — meines Pferdes — meiner Tiere

6 Setze Artikel und Substantiv im Genitiv ein.

1 Das Urteil .... (*der furchtbare Richter*) ist viel zu streng.

2 Die Worte .... (*der gute Pastor*) haben sie getröstet.

3 Der Vorschlag .... (*seine geliebte Frau*) beunruhigt Otto.

4 Die Reaktionen .... (*die traurigen Anwälte*) kann man kaum verstehen.

5 Die Rufe .... (*die langsamen Polizisten*) lassen Otto kalt.

6 Das Ende .... (*die wahre Geschichte*) ist nahe.

7 Die Geschichte .... (*ihr tragisches Schicksal*) ist wahr.

8 Die Lektüre .... (*der spannende Roman*) lohnt sich.

7 Verwandle in den Genitiv. Beachte das Beispiel.

0 die Rede von dem Anwalt → die Rede des Anwalts

1 die Angst von dem Ehepaar → ....

2 das Glück von dem Zufall → ....

3 die Länge von dem Prozess → ....

4 die Schreie von den Gefangenen → ....

5 die Worte von dem Freund → ....

6 der Fehler von der Polizei → ....

7 das Lied von dem Bruder → ....

8 die Verteidigung von dem Mann → ....

Traum, Tod und Leben

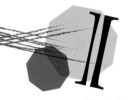

Im Totenhaus in Plötzensee sitzen die Menschen, die
auf die Hinrichtung warten. Jeder Mann, jede Frau für
sich allein. Für Otto kein Hund Karlchen, kein Doktor
Reichhardt, für Anna keine Berta, keine Trudel. Man
weiß nicht, wann man abgeholt wird. Das kann wenige Tage, aber
auch Wochen oder länger dauern.

Jeder Gefangene hat eine kleine Arbeit. Otto hat von Doktor
Reichhardt gelernt, seinen langen Tag zu regeln. Es sind immer
dieselben Handlungen: waschen, etwas Gymnastik, essen,
arbeiten usw. Seit er das winzige Glasröhrchen mit dem Gift
im Mund hat, fühlt er sich frei. Er kann sterben, wann er will.
Einsam, aber frei.

Anna hat von Doktor Fromm auch ihr Glasröhrchen
bekommen. Aber für sie bringt es nur große Unruhe. Sie wartet
auf ihren Otto, sie will nicht sterben, ohne ihn vorher zu sehen.

Traum, Tod und Leben

Dann denkt sie an die Qualen des Wartens und der Hinrichtung. So weiß sie nicht, was sie tun soll. Sie ist laut in ihrer Zelle, sie schreit nach ihrem Otto. Die Aufseherinnen sind besonders böse mit ihr.

Eines Tages hält Anna ihr Giftröhrchen in der Hand. Ein letztes Mal überlegt sie: sterben oder warten? In einem glücklichen Augenblick bemerkt niemand Anna und sie schlägt den kleinen Glasbehälter gegen eine Außenwand. Das Gift tropft in den Hof und Anna fühlt sich jetzt auch frei.

Der Anwalt kommt in Ottos Zelle und erklärt ihm: „Ich bringe das Urteil." — „Es interessiert mich nicht", antwortet Otto. „Ich weiß ja, dass es die Todesstrafe ist. Auch für meine Frau?" — „Auch für Ihre Frau. Sie können um Gnade bitten." — „Beim Führer?", fragt Otto müde. „Ja, beim Führer." — „Nein, danke." — „Sie wollen also sterben?" Quangel lächelt. Der Anwalt fragt weiter: „Sie haben keine Angst?" Quangel lächelt weiter.

Das Gnadengesuch müssen die Verteidiger für die Verurteilten stellen. Aber um Anna kümmern sich ihre Eltern. Ja, ihre alten Eltern auf dem Land. Sie sind für diese Bitte nach Berlin gegangen, zu Fuß. Aber sie erreichen nichts. Ihr Held, ihr Gott, ihr Führer, Hitler hat keine Zeit für sie. Die Eltern schämen sich für Anna. Sie glauben tief an die Partei und an den Krieg. Es hat nicht geholfen.

Es ist noch Nacht, als ein Aufseher die Tür zu Otto Quangels Zelle aufschließt. Ein Pastor tritt ein. Kein guter Pastor, ohne Trost, nur Formeln. Otto ist froh, als dieser Mann wieder weggeht. Otto fühlt mit der Zunge das Glasröhrchen mit dem Gift in seinem Mund. Aber dann geht alles sehr schnell. Das Fallbeil arbeitet wie der Blitz und sicher. Otto lebt nicht mehr.

Monate kommen, Monate gehen, die Jahreszeiten wechseln

KAPITEL 10

und Anna Quangel sitzt noch immer in ihrer Zelle und wartet auf das Wiedersehen mit Otto Quangel. Anna ist ruhig und freundlich, macht ihre Arbeit fleißig, manchmal singt sie leise.

Die Aufseherin grüßt Anna immer nett. Die Tage verlaufen immer gleich. Manchmal sagt man zu Anna: „Ich glaube, Frau Quangel, die haben Sie ganz vergessen." — „Ja", antwortet sie dann. „Es scheint so. Mich und meinen Mann. Wie geht es Otto?" — „Gut", lautet die Antwort immer. „Er lässt Sie grüßen."

Alle sind sich einig, dass man Anna nichts von Ottos Tod sagt. Niemand zerstört ihr den Glauben an das Leben Otto Quangels. Anna strickt, sie strickt Strümpfe, Strümpfe für die Soldaten. Sie merkt, dass es draußen mit dem Krieg schlecht aussieht. Das Essen ist schlechter, das Arbeitsmaterial fehlt. Aber wenn es mit dem Krieg schlecht aussieht, dann sieht es bald wieder gut für Anna und Otto aus. Anna ist sicher, dass sie Otto nicht nur wiedersieht, sondern auch noch lange mit ihm leben kann.

So strickt Anna ihre Träume, Hoffnungen, Wünsche. Sie denkt an eine Zukunft mit einem frohen glücklichen Otto. Sie wird wie ein junges Mädchen, das noch das ganze schöne Leben vor sich hat. Anna ist frei, jung und ohne Angst.

Auch in den immer schwereren Nächten hat Anna keine Angst. In den Nächten, wo immer mehr Bomben auf Berlin fallen, immer mehr Häuser zerstört werden. Die Gefangenen schreien in ihren Zellen vor Angst, die Aufseher sind in den Luftschutzkellern sicher. Doch Anna strickt und träumt. Sie merkt nicht, wie eine Bombe einen Teil des Gefängnisses zerstört. Den Teil, wo auch sie sitzt. Frau Anna Quangel hat keine Zeit mehr, aus ihrem Wiedersehenstraum mit Otto aufzuwachen. Sie ist schon bei ihm oder sie ist da, wo auch er ist. Wir wissen nicht wo.

Aber dieses Buch soll nicht mit dem Tod enden. Es ist Sommer, im Jahre 1946. Der Krieg ist zu Ende, die Not ist groß. Ein Junge, fast schon ein junger Mann, trifft eine ältere Frau.

„Na, Kuno?", fragt sie. „Was machst du heute?" — „Ich muss in die Stadt gehen. Der Pflug ist repariert; ich hole ihn ab."

Kuno-Dieter Barkhausen fährt mit dem Wagen und dem Pferd Toni vom Land nach Berlin. Aber er heißt nicht mehr Barkhausen. Eva und ihr Mann haben ihn adoptiert. Sie haben geheiratet, Evas Söhne Karlemann und Max werden nicht mehr aus dem Krieg zurückkommen. So hat für Kuno ein neues Leben begonnen.

Er und seine Eltern arbeiten jetzt selbstständig auf dem Land. Sie haben Toni, ein Schwein, zwei Schafe, sieben Hühner und einige Felder. Kuno ist ein reifer Mann, das Leben macht ihm Spaß, er sieht eine Zukunft mit Arbeit und Familie. Die traurige, böse Zeit in Berlin hat er vergessen — fast.

An der Straße sieht Kuno einen alten Mann stehen. Er ist arm und schmutzig. „Nimmst du mich mit nach Berlin?" Der Junge sagt ihm, er soll aufsteigen. „Kennst du hier einen Kuno-Dieter Barkhausen?" — „Nein." — „Aber ich glaube, ein Barkhausen sitzt hier auf dem Wagen." — „Ich heiße Kuno Kienschäper. Wenn du ein Barkhausen bist, lass ich dich wieder absteigen."

Emil Barkhausen möchte neu anfangen, auch ein neues Leben beginnen. Aber Kuno kennt diesen Menschen zu gut: faul, falsch und böse. Emil: „Ich bin dein Vater." Kuno: „Früher hast du gesagt, du bist gar nicht mein Vater. Ich habe ein neues Leben und damit hast du nichts zu tun. Steig ab!"

Ein paar Tage ist Kuno sehr still, er denkt nach. Eva merkt das, sie sagt aber nichts. Auch Kuno sagt nichts. Und auf einmal geht der Junge wieder aufs Feld. Er arbeitet wieder. Sein neues Leben geht weiter. In der Sonne.

Nach dem Lesen

Textverständnis

1 **Was ist richtig (R) und was ist falsch (F)?**

R   F

1   Im Totenhaus sitzen die Inhaftierten in Einzelzellen. ☐☐

2   Die Gefangenen langweilen sich, weil sie nichts zu tun haben. ☐☐

3   Anna hat Angst vor dem Gift. ☐☐

4   Anna schüttet das Gift ins Waschbecken. ☐☐

5   Anna und Otto werden zum Tode verurteilt. ☐☐

6   Annas Bruder bittet um Gnade für seine Schwester. ☐☐

7   Annas Eltern sind in einer Widerstandsgruppe. ☐☐

8   Otto hält das Gift im Mund. ☐☐

2 **Verbinde Frage und Antwort.**

1 ☐ Warum hat auch Anna ein Giftröhrchen bekommen?

2 ☐ Warum schämen sich Annas Eltern?

3 ☐ Worauf wartet Anna in ihrer Zelle?

4 ☐ Warum ist die Aufseherin zu Anna sehr freundlich?

5 ☐ Was tut Anna monatelang?

6 ☐ Wieso fühlt sich Anna fast wie ein Mädchen?

7 ☐ Wie stirbt Anna?

8 ☐ Wie stellt sich der Autor das Ende von Otto und Anna vor?

a   Sie hofft, früher oder später ihren Ehemann wiederzusehen.

b   Sie strickt Strümpfe für Soldaten.

c   Er meint zu wissen, dass sie wieder zusammen sind.

d   Es soll auch ihr qualvolles Warten verkürzen.

e   Eine Bombe schlägt ein und zerstört einen Teil des Gefängnisses, wo sie sitzt.

f   Sie glauben an Hitler und akzeptieren keinen Widerstand.

g   Sie träumt davon, ein neues schönes Leben mit Otto zu beginnen.

h   Sie weiß, dass Otto tot ist, aber sie will es Anna nicht sagen.

3 Setze das richtige Wort in den Text ein. Zwei Wörter passen nicht.

> **beginnen Krieg Geduld fühle Gefangenen werde**
> **aufhören bekomme arbeite Aufseher Zukunft Angst**

Ich höre die Bomben und ich höre die (**1**) ...., wie sie
schreien. Sie sind in Panik, aber ich habe keine (**2**) ....
Ich (**3**) ...., dass ein neues Leben beginnen kann. Ich
(**4**) .... meinen Otto wiedersehen, der (**5**) ....
wird zu Ende sein und wir werden eine neue (**6**) ....
aufbauen. Jetzt stricke ich für die Soldaten, aber ich hoffe,
dass sie bald zu kämpfen (**7**) .... Eine neue schöne
Zeit wird (**8**) ...., ich muss nur warten. Otto lebt und wartet
auch. Für Deutschland sieht es allerdings schlecht aus.
Ich (**9**) .... immer weniger Wolle, das Essen ist schlecht.
Aber ich fühle mich frei und habe (**10**) ...., sehr
viel Geduld.

Wortschatz

4 Wähle das passende Wort.

1 Kuno muss *wegen / für / dank* eines Pflugs in die Stadt
fahren.

2 „Ich brauche etwas aus Berlin, kann du es *mitbringen /
mitnehmen / mitgeben?*"

3 Kuno hat seinen Namen *geähnelt / geendet / geändert.*

4 Kuno und seine Eltern *vertreiben / betreiben / treiben* einen
Bauernhof.

5 Kuno hat die traurige Zeit in Berlin *kaum / fast / ganz* hinter
sich gelassen.

6 Kuno *trifft / begegnet / sieht* einem armen alten Mann.

7 Emil soll *abgehen / abnehmen / absteigen.*

8 Eva sieht, dass etwas mit Kuno nicht *stimmt / gut ist /
fehlt.*

5 Verbinde.

1	☐	Hinrichtung	**a**	Warten
2	☐	Qual	**b**	Wiedersehen
3	☐	Gnade	**c**	Führer
4	☐	Pastor	**d**	Tod
5	☐	Beil	**e**	Trost
6	☐	Traum	**f**	Trümmer
7	☐	Bombe	**g**	Blitz
8	☐	Diktator	**h**	Bitte

6 Welches Wort passt nicht?

1 tropfen — fließen — laufen — strömen — gehen

2 Angst — Freude — Sorge — Panik — Furcht

3 Blitz — Donner — Sonne — Sturm — Regen

4 leise — ruhig — still — laut — stumm

5 Löwe — Huhn — Schaf — Kuh — Ziege

Grammatik

7 Wähle das richtige Adjektiv.

1 Anna träumt von einem *schönem / schönen / schönes* Leben.

2 Otto antwortet mit einem *müde / müdem / müden* Lächeln.

3 Annas Eltern glauben an ihren *großer / großem / großen* Führer.

4 Otto fühlt das *kalte / kalten / kaltem* Glasröhrchen.

5 Er stirbt einen *schneller / schnellen / schnellem* Tod.

6 Anna wartet auf ein Wiedersehen mit ihrem *liebem / lieb / lieben* Otto.

7 Anna strickt Socken für die *armer / arme / armen* Soldaten.

8 Anna merkt den *plötzlichen / plötzlicher / plötzliche* Tod nicht.

Jeder stirbt fur sich allein *im Film*

Viermal ist Hans Falladas Roman *Jeder stirbt für sich allein* verfilmt worden. In den ersten drei Verfilmungen (aus den Jahren 1962, 1970 und 1976) wurde das Ehepaar von deutschen Schauspielern interpretiert. Die international bekannteste und jüngste Verfilmung kam 2016 in die Kinos. Otto Quangel wird hier vom irischen Schauspieler Brendan Gleeson gespielt, Anna Quangel von der britischen Schauspielerin Emma Thompson, beide Weltstars im Filmgeschäft. Regie hat der Schweizer Vincent Perez geführt.

Originaltitel *Alone in Berlin*

Deutscher Titel *Jeder stirbt für sich allein*

Regie Vincent Perez

Drehbuch Vincent Perez, Achim von Borries, Bettine von Borries

Produktionsland Deutschland, Frankreich, Vereinigtes Königreich

Erscheinungsjahr 2016

Länge 99 Minuten

Hauptdarsteller Brendan Gleeson (Otto Quangel), Emma Thompson (Anna Quangel), Daniel Brühl (Kommissar Escherich)

Perez' Film ist in vielen Details der Vorlage Falladas sehr treu. So wird am Anfang Annas Vorwurf gegenüber Otto sehr deutlich hervorgehoben: „Du und dein verdammter Führer!" Anna hat gerade vom Tod ihres Sohnes gelesen. Allerdings heißt der Gefallene nicht Otto wie der Vater, sondern Hans, vielleicht in Erinnerung an den Künstlernamen des Romanschriftstellers.

Sehr sorgfältig ist das Ambiente Berlins in den ersten Kriegsjahren nachgezeichnet. Auch eine Szene mit sogenannten Trümmerfrauen ist zu sehen: Nach einem der ersten Luftangriffe sind einige Häuser zerstört und vor allem jüngere Frauen bemühen sich darum, die Trümmer und den Schutt wegzuräumen. Die jungen Männer sind im Krieg. Besonders interessant sind die Szenen des Alltags sowohl in den Wohnungen – zum Beispiel der Quangels und des Richters Fromm – als auch in der Fabrik, wo Otto arbeitet. Die originalgetreuen Details sind wirklich überzeugend. Natürlich müssen dem internationalen Kinopublikum auch einige sehr auffallende Bilder gezeigt werden, die man sich schnell und leicht

merken kann. Manchmal kann man sogar von Klischees sprechen:
Ein Beispiel sind die deutschen Musikkapellen und die Biertrinker
in Berlin. Sehr effektvoll ist der Anfang des Films: Der junge Hans
(im Roman „Ottochen") Quangel wird in einem Wald von Franzosen
erschossen, die deutschen Soldaten laufen dann über ihn hinweg.
Im Unterschied zur wahren Geschichte schreibt Otto nur Karten. Viele
werden gezeigt, man kann sie gut lesen. Immer kommen Fehler vor,
wie auch in den Karten und Bögen von Otto Hampel. Der Film nennt
auch den Namen, den Hampel in Wahrheit seiner Schreibarbeit gegeben
hat, nämlich „Freie Presse!". Hans Fallada schreibt davon nichts.
In der Wahrheit und in Falladas Roman verliert Otto in der Fabrik eine
Karte aus seiner Aktentasche, nicht aus seiner Manteltasche, wie
dagegen im Film.
Ein Leitmotiv im Film ist besonders wichtig und bezieht sich auf eine
Kleinigkeit, die Hans Fallada nur kurz behandelt: Otto Quangel schnitzt
einen Holzkopf, der den gefallenen Sohn darstellen soll. Diese kleine
Skulptur wird im Film sogar auf den Tisch gestellt, als Anna mit ihrem
Mann den Geburtstag von Hans feiern will.
Nicht immer ist der Film so spannend, wie er eigentlich sein könnte,
wenn man an Falladas Vorlage denkt. Ein sehr wichtiges Element fehlt
völlig: die Widerstandsgruppe um Trudel und Karl. Hiervon berichtet

dagegen der Film von 1976 sehr genau. Auch die wichtige Rolle von Fromm im Buch ist in Perez' Film viel kleiner. So kommt zum Beispiel überhaupt kein Gift vor. Rührend ist aber der Abschied zwischen Fromm und Anna.

Die dritte Zentralfigur im Film ist Kommissar Escherich. Bei ihm wird sofort klar, dass er nicht blind an den Naziterror glaubt. Symbolischen Charakter hat eine Szene in der Wohnung der Jüdin Rosenthal: Escherich (nicht Kommissar Rusch!) nimmt ihren Vogel aus dem Käfig und lässt ihn aus dem Fenster fliegen. Der Film endet mit dem Selbstmord Escherichs. Vorher trifft er Otto Quangel, während dieser zur Hinrichtung abgeführt wird. Escherich fragt ihn: „Brauchen Sie noch etwas?" Otto antwortet ihm: „'ne Karte und 'nen Stift." Dann fragt er: „Warum auch Anna?", im englischsprachigen Original: „Sie haben sie [Anna] sich trotzdem genommen."

Diese Schlüsselszene leitet zum Ende des Films über: Escherich spricht einen kurzen Monolog, in dem er unterstreicht, dass er als einziger alle 267 Karten von Quangel gelesen hat. Nur 18 Karten wurden nicht an die Gestapo abgegeben. Escherich wirft alle Karten aus seinem Fenster, dann hört man einen Schuss. Der Film endet damit, dass Passanten die Karten aufheben. Ob Quangels Aktion nach seinem Tod doch noch etwas bewirken kann?

1 Was ist richtig?

1 Perez' Film *Jeder stirbt für sich allein*

    a ☐ ist die einzige Verfilmung von Falladas Roman.

    b ☐ ist ein amerikanischer Kinofilm.

    c ☐ wurde vor wenigen Jahren gedreht.

2 Der Film beginnt mit

    a ☐ einer Kriegsszene.

    b ☐ einer Liebesszene.

    c ☐ einer Szene in Berlin.

3 Im Film von Vincent Perez

    a ☐ spielen nur deutschsprachige Schauspieler.

    b ☐ spielen auch einige weltbekannte Schauspieler.

    c ☐ spielen vor allem deutsche Schauspieler.

4 „Freie Presse!" ist

    a ☐ der Name einer Widerstandsgruppe.

    b ☐ der Name von Quangels Aktion.

    c ☐ der Name eines anderen Films zu Falladas Roman.

5 Otto Quangel schnitzt im Film

    a ☐ einen Holzteller.

    b ☐ einen Holztopf.

    c ☐ einen Holzkopf.

6 Ein anderer Film zu Falladas Roman

    a ☐ wurde sofort nach Erscheinen des Buches gedreht.

    b ☐ wurde 1976 gedreht.

    c ☐ wurde mit dem Schriftsteller gedreht.

7 In Perez' Film

    a ☐ nimmt sich Otto Quangel nicht das Leben.

    b ☐ nimmt sich Escherich nicht das Leben.

    c ☐ nimmt sich Trudel das Leben.

8 Der Film von Vincent Perez

    a ☐ endet mit der Hinrichtung von Anna Quangel.

    b ☐ endet mit einer Szene auf der Straße.

    c ☐ endet mit dem Prozess gegen das Ehepaar Quangel.

1 Diese Bilder beziehen sich auf die Handlung des Buches. Bring sie in die richtige chronologische Reihenfolge und schreib zu jedem Bild einen Satz.

2 Grammatik

Setze „zu" ein, wo es nötig ist.

Falladas Erzählung nach einer wahren Geschichte sollten wir natürlich mit etwas Vorsicht **(1)** .... lesen. Wahrscheinlich hatte Fallada nicht die Möglichkeit, alle Dokumente der Gestapo **(2)** .... analysieren. Klar ist auch, dass ein Schriftsteller nicht alles so **(3)** .... beschreiben kann, wie es passiert ist. Er muss auch einige Dinge **(4)** .... dazuschreiben, damit der Leser eine spannende, vielleicht auch noch komplexere Geschichte **(5)** .... genießen kann. Der Autor hat selbstverständlich versucht, die Realität **(6)** .... dramatisieren. Nach über 70 Jahren können wir **(7)** .... sagen, dass es Fallada gelungen ist, einen überzeugenden Roman **(8)** .... schreiben. Es ist auch einfach **(9)** .... verstehen, dass mehrere Filme über diese Geschichte gedreht wurden. Trotzdem sollte man nicht vergessen, die Wahrheit **(10)** .... suchen. Man findet sie und man wird **(11)** .... entdecken, dass Fallada den Originalstoff tatsächlich sehr „sentimental" behandelt hat — oder **(12)** .... behandeln versuchen wollte.

3 Setze das Relativpronomen ein.

1   *Jeder stirbt für sich allein* ist die Geschichte eines Ehepaars, ... Ziel es ist, mit Karten das Gewissen der Deutschen zu wecken.

2   Auf den Karten, ... vorsichtig in vielen Häusern versteckt werden, steht immer eine Anklage gegen Hitler und seine Diktatur.

3   Kommissar Escherich, ... ein geduldiger und schlauer Polizist ist, findet nur nach sehr langer Zeit die Schuldigen.

4   Anna und Otto Quangel, ... am Anfang die Strafe für ihre Tat egal ist, werden später sehr große Angst vor dem Tod haben.

5   Eine Parallelgeschichte, in .... von Eva, ihrem neuen Mann und dem späteren Adoptivsohn Kuno erzählt wird, ist eine optimistische Note in der sehr traurigen Geschichte.

6   Hans Fallada hat den Erfolg seines letzten Romans, ... er kurz vor seinem Tod geschrieben hat, nicht mehr erlebt.

4 Setze die Verben in den Konjunktiv, wo es möglich oder nötig ist.

1 Wenn ich mehr Zeit habe, lese ich noch andere Bücher von Hans Fallada.

2 Falladas letzter Roman konnte nicht sofort in der Originalfassung erscheinen.

3 Fallada ist früh gestorben, sonst hatte er den Erfolg seines Romans erlebt.

4 Empfiehlst du mir, die Biografie von Rudolf Ditzen zu lesen?

5 Fallada sollte ein ruhigeres Leben führen, dann konnte er noch andere erfolgreiche Bücher schreiben.

6 Über Falladas Verhältnis zu den Nazis schreibe ich gern, wenn ich mehr Informationen bekomme.

7 Man muss auch Falladas Zeit verstehen, um den Menschen zu entschuldigen.

8 Otto kann der Hans Fallada sein, der Rudolf Ditzen nie war.

9 Man versteht Falladas Sentimentalität besser, wenn man sein Leben gut kennt.

10 Ohne Falladas Roman ist das Ehepaar Hampel alias Quangel vielleicht in Vergessenheit geraten.

5 Bilde indirekte Fragesätze.

Muss man unbedingt wissen, ob ...

1 Ist Otto noch in Anna verliebt?

2 War Trudel in Ottochen verliebt?

3 Kann Escherich ohne Enno den Klabautermann finden?

4 Hat Prall Angst vor seinen Chefs?

5 Ruft Anna einige Freundinnen an?

6 Will Escherich Enno retten?

7 Ist Karlchen wirklich verrückt?

8 Hat Escherich Otto bewundert?

9 Passt Emil immer auf Enno auf?

10 Kann Kuno seinen Vater beschützen?

6 Wortschatz
Wähle das passende Substantiv. Achte auf den Fall.

1 Jeder hat an dieser Tragödie seine *Frage / Schuld / Problem*.
2 Das ist die Geschichte eines mutigen *Mann / Frau / Ehepaares*.
3 Kunos wahre *Leben / Vater / Eltern* kennen wir nicht.
4 Escherich hatte immer *Zweifel / Zwecke / Zwiebeln* über Enno.
5 Berlin ist aus den *Schutt / Trümmern / Luftangriffe* wiedergeboren.
6 Nach vielen Jahren hat Deutschland wieder seine alte ungeteilte
   Bundesland / Bundestag / Bundeshauptstadt.
7 Diese Stadt ist sicher eine *Weise / Reise / Kreise* wert.
8 Nach so vielen schwarzen *Jahrzehnten / Monaten / Stunden* erlebt
   Berlin wieder seinen Frühling.

7 Was passt zusammen?

1	lustig	a	Gedanke
2	träumen	b	wünschen
3	Ende	c	ermorden
4	Idee	d	warten
5	verstehen	e	Spaß
6	töten	f	Schmerz
7	Leid	g	begreifen
8	Freude	h	Schluss
9	Frieden	i	Freiheit
10	Geduld	j	Glück

8 Schreib's auf!
ZERTIFIKAT B1 Du hast Grippe und kannst nicht an dem Besuch
des Deutschen Currywurst-Museums in Berlin teilnehmen, den
dein Deutschkurs organisiert hat. Schreib an deinen Kursleiter.
Entschuldige dich höflich und bitte ihn, in einer Woche im Unterricht
über den Ausflug berichten zu lassen. Schreib eine E-Mail (circa
40 Wörter). Vergiss nicht die Anrede und den Gruß am Schluss.

Dieser Lesetext basiert auf der Methode des **expansiven Lesens**, bei der der Text Ausgangspunkt für die Verbesserung der Sprachkenntnisse ist und zur Beschäftigung mit historischen Hintergründen, mit kulturellen Aspekten und mit anderen im Text enthaltenen Themen anregt.
Die neuen Strukturen, die auf dieser Stufe der Serie LESEN UND ÜBEN eingeführt werden, sind unten aufgelistet. Die Strukturen der niedrigeren Niveaustufen sind selbstverständlich ebenfalls enthalten. Für einen kompletten Überblick über die auf allen Niveaustufen verwendeten Strukturen, siehe *blackcat-cideb.com*.

Niveau Drei

Infinitivsatz
Konnektoren *ob*, *obwohl*, *seit*,
   so ... dass, *um ... zu*
Verben im Präteritum,
   Plusquamperfekt, Futur I,
   Konjunktiv II
Unbestimmte und bestimmte
   Artikel im Genitiv
Personalpronomen Genitiv
Relativpronomen

Niveau Drei

Wenn das Lesen dieses Textes dir Spaß gemacht hat, werden dir auch die folgenden gefallen ...

- *Jugend ohne Gott* von Ödön von Horvàth
- *Erzählungen* von Franz Kafka
- *Der Golem* von Gustav Meyrink
- *Die Nibelungen*
- *Der Sandmann* von E. T. A. Hoffmann

Niveau Vier

oder versuche ein höheres Sprachniveau!
- *Das öde Haus* von E. T. A. Hoffmann